Georg Illichmann · Maestro, die Suppe wird kalt

GEORG ILLICHMANN, 1947 in Wien geboren, begann seine berufliche Karriere am Flughafen Wien-Schwechat und wechselte anschließend in die Marketing- und Vertriebsabteilung der damals größten österreichischen Fluglinie. Nach einem Arbeitseinsatz in Saudi-Arabien wurde ihm die Leitung der neu eröffneten Außenstelle in Tripolis, Libyen, anvertraut. Es folgten berufliche Stationen in Stockholm und Brüssel. Die letzten sechs Jahre seiner Karriere verbrachte er in Tokio. Nach dem Ausscheiden aus dem Flugbetrieb übersiedelte er mit seiner Familie in das Burgenland.

Seit vielen Jahren interessiert er sich für die Renaissance-Epoche in Italien und deren historischen Protagonisten im Zeitraum des 15. und 16. Jahrhunderts.

Georg Illichmann

Maestro, die Suppe wird kalt

Leonardo da Vinci:
Die dunklen Machenschaften eines Genies

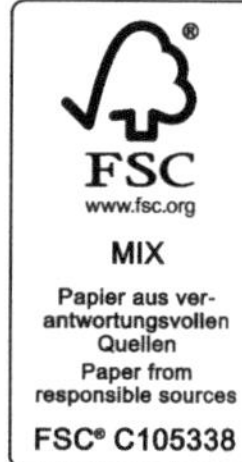

© 2015 Georg Illichmann
Satz und Layout: Buch&media GmbH, München
Umschlaggestaltung: Kay Fretwurst, Freienbrink
Herstellung und Verlag: BoD – Books on Demand
Printed in Germany
ISBN 978-3-7392-9279-3

Inhalt

Prolog

Der Kriegsmaschinerie galt seine Leidenschaft.

Bildhauer und Maler war er nur so nebenbei.

Dazu auch Architekt, Ingenieur, Philosoph, Anatom, Eventmanager.

Leonardo da Vinci vereinte all diese Berufe und Berufungen in seiner Person und zählt auch noch fünf Jahrhunderte nach seinem Tod zu den berühmtesten Geistesgrößen der Geschichte.

Wenig bis gar nichts weiß man allerdings darüber, dass Leonardo ein smarter, vorlauter Rebell war, der in Florenz und Mailand des ausgehenden 15. Jahrhunderts auch gerne einmal seine Fäuste für sich sprechen ließ und dem weiblichen Geschlecht alles andere als abgeneigt war. Seine Affäre mit der schönen Lucrezia Donati, Mätresse seines Arbeitgebers Lorenzo di Medici, sorgte für reichlich Konfliktpotenzial.

Ständig geriet er mit der weltlichen und kirchlichen Obrigkeit in Konflikt.

Und auch mit Zeitgenossen wie Michelangelo, dessen Betrug er lautstark aufdeckte, als dieser eine Statue des jungen Johannes mit Farbe und Sand auf »antik« trimmte und durch Pierfrancesco de Medici um teures Geld an den Kardinal San Giorgio Raffaele Riario in Rom verkaufte.

Dem Charme des weiblichen Geschlechts erlag der ein Meter 93 großgewachsene Leonardo nur zu gerne – und das mit Folgen. So wurde ein Jüngling namens Paolo, der bisweilen in Bologna und Florenz im Gefängnis saß, während Leonardo in Mailand wirkte, als sein unehelicher Sohn mit der Aristokratin Ginevra de Benci, Tochter des steinreichen Florentiner Bankiers Amerigo de Benci, anerkannt.

Paolo begleitete seinen Vater auf Reisen, wann und wo immer es ging, und ist als Erzähler Hauptprotagonist dieses Romans.

Paolo an der Seite des großen Leonardo da Vinci, als Augenzeuge historischer Ereignisse, der auch Erzählungen seines Vaters wiedergibt; was er selbst erlebte, erzählt Paolo in diesem Buch, wobei er Leonardo grundsätzlich als *Vater*, aber der Zeit angepasst auch beim Vornamen *Leonardo* anspricht.

Kunstwerke wie die *Mona Lisa* oder das *Letzte Abendmahl* »passierten« Leonardo einfach. Seine Leidenschaft galt aber seinem visionären Gedankengut, dem er nicht nur nachhängen wollte, sondern das danach drängte, umgesetzt zu werden, weshalb er den Kontakt zu verschiedenen Kriegsherren suchte.

Leonardos Worte, »es wird Wagen geben, die von keinem Tier gezogen werden und mit unglaublicher Gewalt daherfahren«, beweisen, dass er seiner Zeit Jahrhunderte voraus war.

Künstler waren in der Hofhierarchie des auslaufenden 15. Jahrhunderts ganz unten angesiedelt. Ingenieure und vor allem jene, die sich der Kriegstechnik widmeten, genossen hingegen hohes Ansehen.

Und seine letzten Worte, bevor er Italien den Rücken kehrte und nach Frankreich übersiedelte, spiegeln sich in der folgenden Szene wider und sprechen für die besondere Art seines Genies.

In der Mailänder Weinschenke *Zum Lamm* fand er den *Kopf des Judas*, der kurz darauf die Fertigstellung des *Letzten Abendmahls* im Refektorium einleitete. Vor einem Krug Vino Santo aus Castiglione sitzend, plauderte Leonardo mit Malern, Steinmetzmeistern und bestellte beim Lammwirt einen Lammrücken, »recht fein gespickt«, sowie einen Kapphahn mit einem »Ragout von feinen Pilzen«.

Ihm gegenüber saßen zwei interessante Persönlichkeiten Mailands. Im Mönchshabit Bruder Luca, Mathematikprofessor an der Universität von Pavia sowie ein etwas schäbig wirkender Marktschreier, der sich aber als grandioser Dichter und Interpret von Versen hervortat: Mancino.

Leonardo legte drei Kupferdreier vor dem Mann hin und bat ihn um eines seiner intelligenten Gedichte. Dieser ließ sich nicht lange bitten, strich das Geld ein und begann:

»Ich kenn den Wein an dem Gebinde
Ich kenn des Narren Narretei
Ich kenn die Tugend kenn die Sünde
Ich kenne jedes Vogels Schrei

Kenn Zechen die ich nie beglich
Ich kenn die Hölle kenn den Himmel
Ich kenne alle nur nicht mich!«

Leonardo kramte einige Münzen aus seinem Beutel und bestellte Wein, Fisch und Braten für Mancino, den er interessanterweise »François« nannte.

Denn niemand in Mailand – außer Leonardo – wusste, wer hinter Mancino steckte: nämlich kein Geringerer als der in Frankreich verschollene und in Mailand untergetauchte Poet François Villon ...

Und dieser meinte, nachdem Leonardo seinen Judaskopf skizziert hatte: »und Ihr werdet nun endlich den Herzog zufriedenstellen, dem Ihr dient und den Ruf dieser Stadt befördern, der Ihr angehört!«

»Ich diene«, sagte Leonardo, »keinem Herzog und keinem Fürsten und ich gehöre keiner Stadt, keinem Land und keinem Reich an. Ich diene allein meiner Leidenschaft des Schauens, des Erkennens, des Ordnens und des Gestaltens und ich gehöre nur meinem Werk ...!«

Sprung in die jüngere Vergangenheit: Im Frühjahr 2012 eröffnete Königin Elisabeth II. von Großbritannien, in der Queen's Gallery, in unmittelbarer Nähe des Buckingham Palastes in London, eine der bemerkenswertesten Ausstellungen dieses Jahrhunderts:
Leonardo da Vinci: der Anatomist.
Arbeitstitel: *Inside His Mind, Inside The Body.*
Die Sekundärliteratur über Leonardo da Vinci befasst sich zu 95 Prozent mit seiner Malerei. Vier Prozent der Publikationen geben über seine technischen Erfindungen Auskunft. Und nur ein verschwindend kleines, einzelnes Prozent befasst sich mit den anatomischen Studien des Meisters; den finsteren Seiten seines Lebens widmen sich nur einige Randbemerkungen.

Da Vinci wollte seine ungewöhnlich präzisen, heute noch faszinierenden Aufzeichnungen in einem Buch über Anatomie veröffentlichen, was aber – aus verständlichen Gründen – bedenkt man die Umstände am Ende des 15. und zu Beginn des 16. Jahrhunderts, nie zustande kam.

Zwar wurden nach seinem Tod am 2. Mai 1519 Notizen und Aufzeichnungen unter seinen persönlichen Unterlagen gefunden; ihre Bedeutung blieb jedoch über 400 Jahre lang unerkannt.

Zumindest bis Wissenschaftler begannen, die Ausstellung in London vorzubereiten.

Dieser Roman setzt sich aus historisch belegbaren Fakten und teilweise erfundenen oder künstlerisch ausgeschmückten Protagonisten zusammen. Um den spannenden Informationen über Leonardo da Vinci auf die Spur zu kommen, waren neben den »fact-finding«-missions in London, Mailand und der Toskana, zwei Hauptwerke von entscheidender Bedeutung:

Diese sind Giorgio Vasaris *Le Vite* sowie der *Codex Windsor* mit seinen 153 Blättern – Manuskripte und Zeichnungen, die beweisen, dass Leonardo da Vinci vor 500 Jahren bahnbrechende Erkenntnisse im medizinischen Bereich gelangen, weshalb er als historischer Begründer noch heute gültiger Medizintechnologien, wie zum Beispiel der Tomografie oder der Ultraschalldiagnostik, angesehen wird.

Das Aufspüren historischer Sekundärliteratur gestaltete sich äußerst schwierig; die Akteure, über deren Existenz kein Zweifel besteht, begeben sich in diesem Roman auf teils verbrieften, teils erfundenen Pfaden.

Denn nur so konnte die Authentizität von Fakten einer Geschichte zugeführt werden, welche die genialen aber finsteren Machenschaften von Leonardo da Vinci dokumentieren, die zu seinem unbekannten Schöpfertum im Bereich der Anatomie beizutragen half.

Geldgier, Machtkämpfe, Auf- und Abstieg historischer Persönlichkeiten; Namen wie Medici und Strozzi, die Kriegslust der Borgia und Sforza sowie die politischen Intrigen eines Machiavelli dürfen dabei ebenso wenig fehlen wie eben der Hauptakteur.

Und natürlich die, bis aufs Messer geführten Streitigkeiten mit den Malertitanen Michelangelo oder Raffael.

Der Kampf um Aufträge, halbfertige, nie vollendete Wunderwerke der Renaissance, die uns heute in Enthusiasmus geraten lassen, waren die Antwort auf Neid, Missgunst und Existenzängste.

Trotzdem: Wohl nie zuvor haben Geld, Kreativität und Auserwähltheit so zielstrebig zusammengewirkt wie im Florenz des 15. Jahrhunderts.

Die Vertreter des lokalen Handels- und Finanzkapitals traten in spendable Konkurrenz, wer die größte und schönste Statue für den jeweiligen Zunftheiligen vorweisen konnte.

Die edlen Skulpturen sollten die Nischen an der Außenmauer der Kirche Orsanmichele in Florenz füllen.

Die Kaufleute bekamen ihren Patron, einen monumentalen Johannes den Täufer, in Bronze, die Bankiers und Wechsler ihren Apostel Matthäus und auch die Wollhändler zeigten sich erkenntlich: Sie gaben bei Ghiberti den Heiligen Stephanus in Auftrag. Die Waffenschmiede orderten den Heiligen Georg aus Marmor beim Ghibertilehrling Donatello.

Kaum ein anderes literarisches Werk hatte aufgrund seiner komplexen aber doch sehr präzisen Beschreibungen einen derart nachhaltigen Einfluss ausgeübt wie die von Giorgio Vasari verfassten Lebensbeschreibungen berühmter Maler, Architekten und Bildhauer, die unter dem Titel *Le Vite* veröffentlicht wurden.

Vasari kannte den Protagonisten, mit dem er den dritten Teil der *Le Vite* beginnen lässt, nicht persönlich. Denn als Leonardo da Vinci 1515 im Alter von 64 Jahren nach Frankreich an den Hof von König Franz I. ging, war der spätere Künstlerbiograf noch ein Kind von vier Jahren.

Leonardo war schon damals ein Mythos und umso mehr zu jener Zeit, als Vasari in den 40er-Jahren des *Cinquecento* an der ersten Ausgabe seiner *Vite* arbeitete.

Zahlreiche Schriften anderer Autoren unterstützten ihn dabei.

Schon in den frühen 90-Jahren des 15. Jahrhunderts hatte der Vater des berühmten Raffael aus Urbino, Giovanni Santi, Leonardo als »göttlichen Maler« bezeichnet.

Weiters pries Bernardo Bellincioni, Dichter am Mailänder Hof der Sforza, Leonardo als einen der »vier göttlichen Sterne«.

In Bezug auf seine anatomische Hinterlassenschaft, dürfte der Arzt Paolo Giovio in Florenz einer der wichtigsten Zeitzeugen für Vasari gewesen sein.

Dr. Giovio hat noch die persönliche Bekanntschaft Leonardos gemacht, mit ihm gemeinsam Leichen seziert und die anatomischen Studien ebenso schriftlich festgehalten – nur nicht in der berühmten Spiegelschrift Leonardos.

Auch wenn das folgende Werk als Quelle unergiebig war, muss es doch hier erwähnt werden: *Il libro del cortegiano* von Baldessare Castiglione. Er entwarf – und erfand – fiktive Streitgespräche zwischen Mantegna, Raffael, Michelangelo sowie Leonardo da Vinci. Dieses Werk erfreute sich seinerzeit ungeheurer Popularität, unterlag aber auch einigen Irrtümern.

Keine Episode unterstreicht den fragwürdigen Wahrheitsgehalt mehr als jene, in der am Ende berichtet wird, dass Leonardo in den Armen von König Franz I. gestorben sei, was Historiker in Vinci bestätigen. Obwohl der König zwei Tagesritte entfernt ein Edikt unterzeichnen hätte sollen, war er am 2. Mai 1519 in Amboise am Totenbett des von ihm so verehrten Meisters.

Mit der Lebensgeschichte Leonardo da Vincis hat uns Giorgio Vasari ein farbenprächtiges, höchst ambivalentes Bild des Künstlers hinterlassen, das bis zum heutigen Tage nichts von seiner faszinierenden Wirkung eingebüßt hat.

Am Montag, dem 6. Mai 2013, verstarb in Rom Machiavellis frommster Musterschüler: Giulio Andreotti.

Von den Machtzentralen Machiavellis in Florenz bis nach Rom auf die Anklagebank in Palermo – Andreotti war überall.

Wie kein anderer Politiker Italiens verkörperte Andreotti, siebenfacher Premierminister zwischen 1972 und 1992 sowie 33-facher Minister, Machiavellis Theorie und Philosophie von »der Theorie und Erhaltung von Macht und Herrschaft«.

»Die Macht zehrt nur an jenen, die sie nicht haben« – so Andreottis wohl bekanntestes Bonmot.

Diese Passage ist deshalb so unentbehrlich, weil Niccolo Machiavelli schon vor mehr als 500 Jahren identische Höhenflüge und steile Abstürze erlebte und diese bis heute das politische Gefüge Italiens bestimmen.

Aber lassen wir zunächst den durch die Roten Brigaden, fast auf den Tag genau mit Andreottis Tod, am 9. Mai 1978, in Rom ermordeten Politiker Aldo Moro zu Wort kommen, der über Andreotti folgendes, ein nicht sehr schmeichelhaft gehaltenes Abbild präsentierte, was zweifelsohne vom Sekretär der *Dieci di pace e di liberta*, Machiavelli, stammen könnte:

»Ein kalter Regisseur, undurchdringlich, ohne Zweifel an seinem Tun, ohne einen Funken menschlichen Mitleids, ein Mann der die Macht erobert hat, um Böses zu tun ...«

Der Rolle Machiavellis und seinem empirischen Denken sowie der geistigen Allianz mit Leonardo da Vinci und beiden Arbeitgebern, Cesare Borgia, werden wir in diesem Buch noch einige Male begegnen.

Dem Stellenwert entsprechend wird hier eine längere Passage einem der eindrucksvollsten Demonstrationen da Vincis Schaffen gewidmet: dem zwischen 1494–1498 im Auftrag des Mailänder Herzogs Ludovico Sforza geschaffenen Wandgemäldes *L'Ultima Cena* oder *Das Abendmahl*.

Ganz bewusst wird allerdings von unzähligen, historischen und pseudo-historischen Publikationen Abstand genommen.

Vielmehr wird hier gemäß den Aufzeichnungen aus Windsor wahrheitsgetreu nachvollzogen, was Leonardo im Sinn gehabt hatte: durch seine anatomischen Studien, Momentaufnahmen, individueller Physiognomie, charakteristische Gesichtszüge der Apostel während des *Abendmahls* darzustellen.

Also eine Leib-Seele-Philosophie.

In sorgfältigen Einzelstudien erforschte und skizzierte Leonardo die Köpfe der Jünger, bevor er einen Pinselstrich setzte, was den Prior des Klosters Santa Maria delle Grazie zur Weißglut trieb und der sich beim Herzog über die »Faulheit des angeblichen Künstlers« beschwerte. Dieser ließ Leonardo zu sich rufen und erklärte ihm gleich zu Beginn, dass er dies nur wegen der Zudringlichkeit des Priors angeordnet habe.

Leonardo kannte und schätzte den klaren Verstand seines Herzogs und äußerte sich weitläufig über die Kunst. Er berichtete weiters, dass er eigentlich nur noch über die Gesichtszüge des Judas nachdenke. Am ehesten, so schien es Leonardo, wäre da wohl das Antlitz des Priors geeignet ... Das brachte den Herzog so sehr zum Lachen, dass er dies sofort dem Prior mitteilte. Dieser war verwirrt und beleidigt, ließ aber Leonardo ab sofort in Ruhe arbeiten, sodass der Kopf des Judas am Schluss eine geniale Symbiose aus Verrat und Unmenschlichkeit repräsentierte. Das Haupt Christi blieb in diesem Kontext dagegen unvollendet.

Ein weiterer Schwerpunkt der Maltechnik stellt der Lichteinfall im Raum des Abendmahls dar.

Das Licht, das die Szene ausleuchtet, kommt demnach nicht von den drei Fenstern im hinteren Teil des Raumes, sondern strahlt schräg von links auf die Jünger.

Aber wo genau befand sich dieser so geschichtsträchtige Raum eigentlich?

Eine Minderheitenposition der Syrisch-Orthodoxen Kirche vertritt die Ansicht, dass es sich dabei um den Abendmahlsaal unter der heutigen Markuskirche im Armenischen Viertel der Jerusalemer Altstadt handelt.

Einem Bericht von mehreren, unabhängigen Forschern zufolge entspricht der Raum aber gemäß kirchlicher Tradition, Archäologie und Landeskunde mit größter Wahrscheinlichkeit einem Gebäude vis-à-vis der Abtei Dormitio am Südwesthügel Jerusalems, dem christlichen Zion.

Dazu trat ich anfangs des Jahres 2014 mit dem Leiter des Jerusalemer Instituts JIGG und der Bibliothek der Abtei Dormitio, deren Pressesprecher Dr. Nikodemus Claudius Schnabel in Jerusalem, in Kontakt.

Er bestätigte, dass die Abtei Dormitio in Jerusalem als legitimer Ort anerkannt sei.

Der dritte Schwerpunkt liegt im Studium Leonardos vom Alten und Neuen Testament. Woher er die Unterlagen beziehungsweise die Sprachkenntnisse hatte, liegt im Dunkeln. Es wird vermutet, dass gelehrte Mönche des Klosters, in welchem Leonardo arbeitete, ihn in zahlreichen Gesprächen mit der Materie vertraut gemacht haben, zumal Aufzeichnungen von Streitgesprächen vorliegen, die Leonardos Zweifel an theologischen Ungereimtheiten bestätigen.

Kaum ein Künstler hat unsere abendländische Vorstellung vom letzten Abendmahl Jesu mit seinen Jüngern so nachhaltig geprägt wie Leonardo da Vinci. Aber entspricht sein Gemälde den damaligen historischen Begebenheiten?

Wie gut kannten die ihn beratenden Mönche das antike Judentum und existiert eine verlässliche, historische Aussage über das, was sich beim Abendmahl 33 n. Chr. ereignete?

Im Juni 2014 begaben meine Frau und ich uns auf die Suche nach der

»größtmöglichen Wahrheit«. Monate im Voraus buchten wir die Eintrittskarten für das Dominikanerkloster Santa Maria delle Grazie in Mailand, um schließlich vor dem Phänomen zu stehen und mit der italienischen Fremdenführerin darüber zu diskutieren.

Was von Dan Browns *Sakrileg* zu halten sei, nämlich die Theorie, dass zur Rechten von Jesus Christus Maria Magdalena und nicht der Jünger Johannes dargestellt sei, quittierte sie mit einem klaren »völliger Unsinn«.

Ein Abendmahl mit nur elf Jüngern?

Das wäre zur Zeit Leonardos ein Religionsfrevel – also ein wahres Sakrileg – gewesen.

Moderne Museumslabors haben bei ihrer Spurensuche den historischen Hintergrund des Gemäldes einwandfrei bewiesen, wobei sie sich auf Fakten berufen, die in das Jerusalem des 1. Jahrhunderts, in der Zeit, als Jesus lebte und wirkte, zurückgehen.

Und so steht man überwältigt und gerührt vor einem Gemälde, das den Künstler in seiner ganzen Persönlichkeit darstellt; nicht nur als das, wie die Geschichte ihn charakterisiert, sondern auch mit seinen unzähligen anderen Lebensformen und Lebensbereichen, die den Betrachter in gleicher Weise mit Ehrfurcht erfüllen und schaudern lassen: »La simplicità costituice l'ultima sofisticazione« – »Einfachheit ist die höchste Stufe der Vollendung ...«

»Maestro, die Suppe wird kalt«

Pöttschinger See, Sommer 2015

I. Paolo

Ich, Paolo, wachte noch vor dem Morgengrauen auf. Es fröstelte mich. Ich hatte schlecht geträumt und folgedessen schlecht geschlafen.

Der Frühling war längst in der Toskana eingezogen. Aber hier in Florenz fielen die Temperaturen in der Nacht noch immer unter den Gefrierpunkt.

Man schrieb das Jahr 1500.

Es war Freitag, der 20. April im Monat des Jahres, in dem Luzifer aus dem Himmel verstoßen wurde.

Wie schon so oft in den vorangegangenen, einsamen Nächten, hatte ich davon geträumt, dass mein Vater endlich nach Florenz zurückkehren würde.

Seine *bottega* in der Via Cesare Battista No. 6, in unmittelbarer Nähe der Piazza di San Marco und etwas mehr als zehn Gehminuten durch die Via Calimala und Via Ricasoli von den Uffizien entfernt, war schon lange verwaist.

Ich und die Haushälterin, die ich trotz ihrer französischen Abstammung statt Mathurine *Maturina* rufen durfte, bewohnten je eine Kammer bei den Servitenbrüdern der Kirche Santissima Annunziata, was diese freundlicherweise und aus Dankbarkeit meinem Vater gegenüber kostenlos zur Verfügung stellten.

Auch hatte ich Zugriff zu einem Bankkonto im Spital *Ospedale Santa Maria Nuova*, welches sich rund acht Gehminuten von der Unterkunft an der Piazza Santa Maria Nuova 58, Ecke Via Maurizio Bufalini, befand. Und dort hatte mein Vater, im Keller der Ägidius Kapelle, welche provisorisch als Sezierraum eingerichtet war, seine ersten Leichen seziert.

Woher das Geld kam wusste ich nicht.

Aber es war praktisch, meinen bescheidenen Lebensstil zu finanzieren, auch wenn die Summe gering, begrenzt und vor allem peinlichst genau dokumentiert wurde. Und nach meinem Gefängnisaufenthalt in Bologna hatte ich mich sowieso entschieden, in Florenz nicht weiter aufzufallen. In die Fußstapfen meines Vaters zu treten, hatte ich auch nicht vor.

Dazu fehlte mir die nötige Ausbildung und der Intellekt meines Vaters.

Auch teilte ich seine vielfältigen Interessen kaum, da ich mir aus Malerei, dem Erfinden von Kriegsgeräten, Architektur und Naturwissenschaften nichts machte.

Einzig seinen anatomischen Studien, die er zu meiner Verwunderung spiegelverkehrt aufzeichnete – warum, erfuhr ich erst später – konnte ich ein gewisses Interesse entgegenbringen.

Trotzdem war es mir nicht klar, wozu das Wissen um Hirnanatomie und sagittalem Hirnschnitt gut sein sollte und vor allem welchen Nutzen man daraus für seinen Lebensunterhalt ziehen konnte.

Wozu studierte er die Physiognomie eines Menschen und was hatte das mit seiner Malerei zu tun?

Die Vorurteile seiner Zeit und die päpstlichen Anordnungen, die das Sezieren von Leichen strengsten untersagten, ignorierend, zersägte er methodisch Knochen, öffnete Schädel und interessierte sich in großem Maße für die Pathologie.

Irgendwann bestätigte er selbstbewusst, dass er das nicht gelöste Geheimnis von Hippokrates und Avicenna von vor ziemlich genau 1000 Jahren gelöst hätte: die Arteriesklerose.

Aber das war Jahre her und seitdem kursierten Gerüchte, dass er sich bei seinem Freund und Gönner, Luca Pacioli, in Mailand in den Diensten von Ludovico Maria Sforza, auch wegen seiner dunklen Haut- und Haarfarbe *Il Moro* genannt, aufhielt und ebendort ein gigantisches Reiterstandbild Francesco Sforzas zu errichten beauftragt worden war.

Maturina wusste ebenso wenig wie ich, wo er sich tatsächlich aufhielt. Ständig trafen Eilbriefe der Herzogin Isabella Gonzaga d'Este aus Mantua ein, was darauf schließen ließ, dass sich mein Vater auf dem Weg nach Florenz befand. Auch die Servitenbrüder forderten ungeduldig von meinem Vater das versprochene Altarbild, welches er ihnen zu malen gelobte, bevor er Florenz verließ und nach Mailand aufbrach.

Den Auftrag hatte in der Zwischenzeit Filippo Lippi halbherzig bekommen – trotzdem wollten sich die Klosterbrüder mit einem Gemälde meines offenbar berühmten Vaters schmücken.

Lippi zeigte sich zwar enttäuscht, hatte jedoch die Entscheidung akzeptiert.

Hier in Florenz herrschte seit fast zwei Jahren eine Art Aufbruchstimmung und vorsichtige Erleichterung …

Hatte man doch am 23. Mai 1498, einem trüben, regnerischen Montag, den ursprünglich geliebten, doch später gehassten Bußprediger Girolamo Hieronymus Savonarola gemeinsam mit seinen beiden Mitbrüdern Domenico Buonvicini und Silvestro Maruffi zuerst gehängt und dann verbrannt.

Die Menschenmenge auf der Piazza della Signoria war unübersehbar, zumal einige Jahre vorher Bruder Savonarola auf exakt diesem Platz die »Verbrennungen der Eitelkeiten« getätigt und die Medici aus Florenz verjagt hatte.

Aber über ihn und seine Machenschaften sollen wir noch mehr erfahren …

Die ersten Sonnenstrahlen bahnten sich den Weg in meine Kammer. Draußen hörte ich schon Maturina wie jeden Morgen in der Küche hantieren.

Ich wollte noch etwas dösen, als mich Lärm, Stimmengewirr und das Klappern von Pferdehufen endgültig aus dem Bett warfen: Mein Vater war zurück.

Ich wusste nicht, ob das ein gutes Zeichen für mich, für ihn und für Florenz darstellte.

Polternd, was gar nicht seine Art war, öffnete er die Haustüre, umarmte zuerst Maturina und maß mich dann von Kopf bis Fuß, ob denn diese eigentümliche Gestalt auch wirklich sein Sohn war.

Er kam direkt von der Santa Maria Nuova, wo er 50 Florin von seinem Konto abgehoben hatte.

Er fand viel Altes, was ihm in Florenz vertraut war. Aber auch viel Neues.

Sein Vater, also mein Großvater, wohnte noch immer in der Via Ghibellina, nicht weit von dem Ort, wo mein Vater als Lehrjunge in der Bottega von Verrocchino sein Handwerk zu lernen begonnen hatte. Ser Piero da Vinci arbeitete nach wie vor als Notar, hatte wieder geheiratet und in der Zwischenzeit weitere eheliche Kinder bekommen.

Alte Ressentiments zwischen Vater und Großvater bestanden noch immer, hatten aber in der Zwischenzeit keinen besonderen Brennpunkt mehr.

In der künstlerischen Welt waren alte Gesichter verschwunden, neue hinzugekommen.

Ich wusste zu berichten, dass die Brüder Pollaiuolo und Domenico Ghirlandaio tot waren. Unten, in der Via della Porcellana, malte Botticelli noch immer seinen altmodisch anmutenden Stil.

Außer Sichtweite – denn er lebte bereits in Rom – legte der arrogante, neue Star, der Magistratssohn aus Caprese, Michelangelo di Ludovico Buonarroti, gerade mal 25 Jahre alt, letzte Hand an sein erstes, bildhauerisches Meisterwerk: der Pietà.

Mein Vater war ruhig, wirkte gelassen und entspannt und nahm sich viel Zeit, mir vorerst zuzuhören. Als er die ersten Neuigkeiten – ohne besondere Gemütsregung – vernommen hatte, lehnte er sich zurück, blickte mir lange in die Augen und versprach, mir am Abend ausführlich über seine Zeit, die letzten Jahre, die er außerhalb von Florenz verbracht hatte, zu erzählen.

Maturina hatte in der Zwischenzeit seine geliebte *Zuppa Toscana*, die klassische Minestrone auf toskanische Art, mit viel Borlotti und Pancetta zubereitet und aufgetischt. Doch mein Vater wirkte auf einmal abwesend, in sich gekehrt und mit seinen Gedanken weit weg.

Erst als Maturina rief: »Maestro, die Suppe wird kalt!« … schien wieder Leben seinen Körper zu durchströmen und ein glückliches Lächeln verzauberte sein Gesicht.

Meine Neugierde war unbeschreiblich und ich wartete mit Spannung auf seine angekündigten Erzählungen.

Und so begann Leonardo mir, seinem Sohn, zu erzählen, wie alles im Jahre 1482 am Hofe der Sforzas in Mailand seinen dramatischen und richtungsweisenden Lauf nahm …

2. Laodomia Strozzi

Als mein Vater 18 Jahre alt war, dürfte sich eine einschneidende Episode in seinem Liebesleben ereignet haben, in deren Mittelpunkt drei junge, hübsche Frauen aus Ferrara standen.

Wie und ob sie ihn nachhaltig geprägt haben, lässt sich aus seinen Schilderungen nicht erkennen, zumal er sich oft verspricht, die Stirn runzelt oder den Faden verliert.

An einem Freitag, den 29. April 1470, packt Laodomia Strozzi im Eckzimmer des Palazzo Strozzi Beviacqua in Ferrara einen großen Reisekoffer.

Ein letzter Blick auf die Via Palestro und den Park Ariostea, als es an der Tür klopft: Eine der engsten Freundinnen von Laodomia, die schöne Patrizierin Aureliae Perucci, betritt den Raum.

»Bist du reisefertig, Domina?« Domina war der Spitzname der stolzen Laodomia.

»Wenn Peruschka auch fertig ist, können wir abreisen«, sagte Laodomia.

Die Kutsche stand bereit und die Stationen auf dem Weg von Ferrara nach Florenz waren von den Dienern ihres Vaters bereits auf das Kommen der drei Frauen vorbereitet.

»Die florentinischen Männer sollen stolz und reich sind«, flötete Laodomia und Aurelia bekräftigte das, indem sie mit ihrer Löwenmähne heftig nickte. »Genau was wir suchen. Und wenn wir Glück haben, treffen wir sogar auf Lorenzo di Medici – oder, was mir noch lieber wäre, auf seinen Bruder Guiliano.«

»Übermorgen, Sonntag, soll auf dem Hauptplatz eine Hinrichtung stattfinden. Meinst du, wir sollen da hingehen?«

»Wie aufregend!« Laodomia konnte die Ankunft in Florenz nicht mehr erwarten.

»Hast du eigentlich keine Bedenken, Girolamo hier sitzen zu lassen? Er ist doch unsterblich verliebt in dich?«

»Savonarola ist ein Langweiler – lass mich mit ihm in Ruhe. Er steht Tag und Nacht vor seinem Schreibpult.«

»Aber er hat gedroht, dass er im Falle einer Zurückweisung von dir ins Kloster gehen wird ...«

»Soll er doch. Was fange ich mit einem gehemmten Mönchlein an, der die Verwilderung der Sitten anprangert! Und bei seinen vorgefassten Predigten überkommt mich regelmässig der Schlaf ... Ich will raus aus Ferrara, hinaus in die Ferne. Nach Florenz!«

Und er soll der sündigen Welt den Rücken zeigen – aus ihm wird niemals eine faszinierende Persönlichkeit.«

Wenig später verließ eine vollbepackte Kutsche die Stadttore von Ferrara und das Klatschen der Peitsche ging im aufgeregten Geschnatter der drei Frauen unter.

Spätnachts kamen sie in dem kleinen Örtchen Casalecchio di Reno südlich von Bologna an, wo sie in der Herberge Tira L'Aura sprach- und grußlos in ihren Betten verschwanden.

Zeitig am nächsten Morgen ging es weiter, um auf direktem Weg in die blühende Stadt Florenz zu gelangen, wo die großen Abenteuer auf sie warten sollten ...

Sonntag, der 1. Mai 1470, präsentierte sich mit Sonnenschein und blauem Himmel. Der Sommer hatte schon einen Fuß in die Toskana gesetzt.

Guiliano und sein Bruder Lorenzo di Medici schlenderten bestens gelaunt durch die engen Gassen der Altstadt von Florenz, spazierten auf der Via della Condotta, bogen nach links und erreichten die Piazza della Signoria. In der Nähe befand sich das Gerüst eines zukünftigen Bauwerks, des Platzes Biancone und seinem Fontana del Nettuno, wie es ihn schon in Rom und Bologna gab.

In unmittelbarer Nähe war das Schafott errichtet worden. Um die Mittagszeit sollte eine öffentliche Enthauptung stattfinden.

»Wir sind das Salz von Florenz«, meine Lorenzo spöttisch. Über ihren Notar, Piero da Vinci, hatten sie Kenntnis über dessen Sohn Leonardo bekommen, der in der Werkstatt von Andrea del Verocchio Musik, Zeichnen und Malen studierte. »Aber sein wahres Talent soll in der Technischen Physik liegen«, meinte Guiliano, der sofort an modernes Kriegsgerät dachte.

»Er müsste so in unserem Alter sein«, sinnierte Lorenzo.

»Vielleicht sollten wir ihn mal zu uns einladen und seine Fähigkeiten ausloten«, meinte Guiliano.

Guiliano hatte ein Verhältnis mit Simonette Vespucci, der zweifellos schönsten Frau von Florenz. Diese war zwar mit dem Sohn des berühmten Seefahrers Amerigo Vespucci, Marco, verheiratet. Aber dessen homosexuelle Vorlieben veranlassten Simonetta nicht unbedingt zu bedingungsloser, ehelicher Treue.

Im Gegenteil: Die *regina della bellezza*, wie Guiliano sie nannte, löste durch ihr Verhältnis mit einem Mediciregenten einen stadtbekannten Skandal aus …

Zu dieser Zeit eröffnete Alessandro Mariano Filipepi seine eigene Künstlerwerkstatt im Florentiner Arbeiterviertel Ognissanti.

Und einer, der dort ab sofort ein- und ausging, war mein Vater Leonardo. Aber nicht der schönen Künste wegen, sondern wegen des hervorragenden Weins, dem er dann in Gesellschaft von Alessandro in großem Maße zusprach.

Und so dauerte es auch nicht lange, bis Leonardo seinem älteren Freund den Spitznamen »Botticelli«, das Fässchen, verpasste. Da meinem Vater Alessandro auch zu lange erschien, ward alsbald Sandro Botticelli in aller Munde.

Und er, nicht Leonardo, bekam von den Medici den Auftrag, ein Gemälde mit dem Arbeitstitel »einer aus dem Meeresschaum steigenden Liebesgöttin« zu malen.

Und Modell stand keine Geringere als Simonetta Vespucci …

Und so entstand Botticellis »Geburt der Venus«.

An diesem herrlichen Sonntagvormittag spazierte auch Leonardo mit seinem elfjährigen Mitschüler Lorenzo di Credi über die Via Calimaruzza und sie erreichten die Piazza della Signoria auf der westlichen Seite. Und trafen dort fast zeitgleich mit den Medicibrüdern beim Fontana del Nettuno ein.

Laodomia, ihre Freundin Aurelia und die Magd Peruschka kamen die Via dei Gondi entlang zum Hauptplatz, um dem Schauspiel der Hinrichtung beizuwohnen.

Im Gewimmel der riesigen Menschenansammlung trafen sich Leonardos und Laodomias Blicke gleichzeitig mit jenen von Giuliano di Medici.

Beide Männer hatten augenblicklich die Schönheit aus Ferrara erblickt und strebten sofort zu ihr hin. Und so standen sich die drei gegenüber: der mächtige Herrscher aus dem Hause Medici, die bildhübsche Tochter der Strozzidynastie und das schon aufsteigende Talent, Leonardo da Vinci.

Guiliano witterte Gefahr. Mit einer schnellen Bewegung erfasste er die Hand der Signorina und deutete einen galanten Handkuss an. Mein Vater hingegen, nicht sehr geschult im Umgang mit jungen Damen, verneigte sich nur kurz und murmelte etwas Unverständliches in seinen Bart. Die Weichen für einen Erfolg bei Laodomia waren für Giuliano Medici gestellt.

Aber nur für einen Augenblick.

Leonardo, für seine 18 Jahre mit ein Meter 85 schon groß und attraktiv, erregte sofort die Aufmerksamkeit von Laodomia.

Was war es, was sie so in den Bann zog?

Im Florenz des ausgehenden 15. Jahrhunderts war Gepflegtheit bei Frauen aber ebenso bei Männern von essentieller Bedeutung. Und da war Leonardo – im krassen Gegensatz zu Michelangelo – eine besondere Lichtgestalt. Handgefertigte Schuhe der Marke Scarosso aus Montegranaro, gepflegte Hände und vor allem Fingernägel, raffinierte Bescheidenheit und vor allem intellektueller Witz. Seine aufrechte Haltung und sein offenes Lächeln ließen Leodomia die Brüder Medici gleich vergessen.

Aber so schnell gab sich Guiliano nicht geschlagen. Er forderte Leonardo ganz offen zu einem *Marostica* auf; und dem Gewinner stünde dann die Gunst Laodomias zu ...

Schnell wurden Mitspieler und Kostüme geordert. Vorbild des Streits waren das lebende Schachspiel , das sich in der Kleinstadt Marostica in der Provinz Vicenza seit einigen Jahren größter Beliebtheit erfreute.

Kurze Zeit später waren die Vorbereitungen abgeschlossen und ein Marschall ordnete die Aufstellung der menschlichen Figuren an und gab den Startschuss zu dieser Auseinandersetzung.

Leonardo begann mit einer klassischen Eröffnungsstrategie, indem er versuchte, den König durch eine Rochade in Sicherheit zu bringen. Aber auch Guiliano war ein begnadeter Schachspieler und eröffnete seinerseits mit einem Gambit. Seine Strategie stammte von dem indischen

Chaturanga. Eine Methode, die es zuläßt, ein Aufeinandertreffen der Parteien bereits mit den ersten Zügen möglich zu machen.

Leonardo durchblickte schnell diese Variante und konterte seinerseits mit der Variante e2-e4 und e7-e5, der sogenannten offenen Partie. War er jetzt Angreifer oder Verteidiger?

Nach weniger als zwei Stunden und einer von Guiliano nicht erkannten Eröffnungsfalle, leitete Leonardo das Seekadettenmatt ein.

»Schachmatt«, rief mein Vater, ließ den verdutzten Regenten einfach stehen, und verschwand mit Laodomia im nahegelegen Haus Nummer 16 in der Via della Condotta, wo kurz darauf die Lichter erloschen ...

3. Girolamo Savonarola

Mein Vater hasste und bewunderte ihn zugleich.

Und trotzdem war er, Savonarola, mit Sicherheit einer der Gründe, warum mein Vater 1482 Florenz verließ und nach Mailand aufbrach.

Und mich und Maturina zurückließ.

Trotz der Abwesenheit Leonardos in Florenz schien er bestens über die Geschehnisse, Machtspiele und Intrigen, der sich auf- und abbewegenden Rollenspiele zwischen dem Prediger Girolamo Savonarola, Lorenzo de Medici in Florenz und dem Borgiapapst in Rom bestens informiert zu sein.

Ich wurde bei seinen Schilderungen dieser Epoche den Eindruck nicht los, dass mein Vater sich zumindest manchmal kurzfristig inkognito in Florenz aufhielt und seinen immensen, persönlichen Einfluss nach allen Richtungen geltend machte.

Er, Girolamo, brach im September 1452, also fünf Monate nach meinem Vater in ärmlichen Verhältnissen in der Universitätsstadt Ferrara, rund 120 Kilometer nördlich von Florenz geboren, mit 22 Jahren sein Medizinstudium ab und trat als Mönch in ein Dominikanerkloster in Bologna ein.

Kurz darauf wurde er anfangs des Jahres 1480 nach Florenz berufen, wo er als Vorleser im Kloster San Marco eine Anstellung fand.

Und dabei traf er auf meinen Vater, der genau dort zur selben Zeit eine Ausbildung zum Bildhauer absolvierte, die ihm der Herrscher von Florenz, Lorenzo de Medici, möglich gemacht hatte

Es war der Tag vor Aschermittwoch im Februar. Ein Scheiterhaufen brannte vor dem Platz der Signoria. 15 Meter hoch und 60 Meter breit.

Junge Leute übergaben dem Feuer Symbole einer vergangenen Zeit: Perücken, Kartenspiele, Nagelfeilen, Parfüms, Spiegel und Salben, Bücher von Ovid wie das fünfbändige *Amores*, die Briefe *Heroides* und vor allem die *Ars Amatoria* sowie die weibliche Schönheitsfibel *Medicamina faciei feminae*. Sie alle wurden ein Raub der Flammen.

Spöttisch und abfällig äußerte sich mein Vater darüber, dass Sandro Botticelli persönlich antreten musste, um seine *Geburt der Venus* zum Scheiterhaufen zu bringen und den Flammen zu übergeben.

Auf die Frage, was er denn gegen Botticelli hätte, meinte mein Vater eiskalt: »Das ist kein Künstler. Ein anatomischer Stümper. Seht doch nur die Verunstaltung der Simonetta Vespucci!«

»Wer«, so fragte ich, »ist diese Simonetta?«

Nun konnte mein Vater seine Meinung nicht mehr für sich behalten und legte los. Ich erschrak.

Vor den lodernden Flammen riefen als Engel verkleidete Personen Parolen gegen den überaus beliebten aber heidnischen Karneval. Trompeter, Pfeifer und die Palastglocken übertönten das Knistern des Feuers.

Wer aber war der Initiator dieses »Scheiterhaufens der Eitelkeit« eigentlich? Wer war Girolamo Savonarola?

Der Bußprediger, obschon durch die Medici an die Macht gekommen, war kein Anhänger dieser mächtigen Dynastie. Schon mit 20 verfasste er ein Poem *Vom Niedergang der Welt,* Verhältnisse verdammend, in denen mancher »vom Blut des anderen sich ernährt und zugrunde zu richten die Armen er sich bemüht«.

Demonstrativ verweigerte Savonarola als Prior von San Marco den Antrittsbesuch bei Lorenzo de Medici.

Mein Vater war entsetzt, mit welcher Inbrunst dieser Mönch zu Demut und offen gegen die Medici in den Predigten im Dom von Florenz auftrat. Er protestierte gegen die von den Medici geprägte Gesellschaft und wandte sich ganz bewusst an die mittleren und unteren Schichten in Florenz, das er als »Räuberhöhle« bezeichnete und der Menge entgegenrief: »Ihr Armen, hört mir gut zu: die euch unterdrücken, lachen sich ins Fäustchen.«

Viele Händler und Handwerker besuchten begeistert seine Gottesdienste.

Der hagere Mann mit der scharf gebogenen Adlernase sprach aus, was viele empfanden: Das Gemeinwesen von Florenz, dem Scheine nach eine Republik, stand unter der Tyrannei der Medici.

Mein Vater, zu jenem Zeitpunkt schon längst in Mailand etabliert, hörte – oder wusste –, dass 1492 eine wütende Menschenmenge mit dem Ruf »Volk und Freiheit« den Medicipalast stürmte.

Der Volksaufstand zwang Lorenzos Sohn Piero und zwei seiner Brüder zur Flucht. Lorenzo selbst war schon vor zwei Jahren verstorben.

Savonarola, der politisierende Gottesmann, wetterte gegen Habsucht, Unzucht, Schlemmereien und rief von der Kanzel: »Wo, Florenz, wo ist deine Gerechtigkeit«?

Savonarolo selbst strebte kein Staatsamt an – und bestimmte dennoch die Richtlinien der Politik.

Die Geschicke der Signoria lenkte allerdings seit Januar des gleichen Jahres sein treuer Atlatus Francesco Valori.

Bisher regierte der »Rat der 70« Florenz. Bei einer Einwohnerzahl von knapp 90 000 kamen somit nur Männer in Betracht, »deren Vorfahren hohe Staatsämter ausgeführt hatten …«

Nun rückten auch Handwerker und Kaufleute in den Rat auf. Niemals zuvor hatten sie dermaßen großen Einfluss auf die Politik.

Mein Vater verachtete das Gesetz und die neuen Machthaber in Florenz aus sicherer Distanz.

»Und die Reichen«, so Savonarola, »sollten mehr als nur das Überflüssige spenden …«

In Anspielung auf meinen Vater verdammte der Mönch »Sodomie«; meinte damit aber Homosexualität und Prostitution.

Und dann kam das Entscheidende, wo mein Vater wieder Hoffnung für seine Heimatstadt schöpfte.

Aber wie so oft kam alles anders.

Um seinen Reden Taten folgen zu lassen, ließ der Frate eine Organisation von Jugendlichen zwischen zwölf und 20 Jahren aufbauen.

Die Fanciulli.

Dort sammelten sich Jugendliche aus bürgerlichen wie aristokratischen Familien.

Die Mitglieder verpflichteten sich, die christlichen Gebote zu befolgen und regelmäßig an Gottesdiensten teilzunehmen. Sie mussten Fecht-, Tanz- und Musikschulen meiden und durften sich auch nicht an den überaus beliebten Maskenumzügen beteiligen.

Kurze Haare waren Pflicht und Glücksspiele verboten.

Und das im Florenz des zu Ende gehenden 15. Jahrhunderts? Mein Vater war erbost.

Die Fanciulli patrouillierten durch die Straßen und ermahnten Frauen, die zu viel Haut oder Geschmeide zeigten. Bestrafen durften sie niemanden. In Trupps von 20 bis 30 Mitgliedern durchsuchten sie Häuser und sammelten Karten- und Brettspiel ein, Schminke, Parfum und Perücken.

Wie sehr Savonarolas junge Sittenwächter das öffentliche Leben in Florenz veränderten, zeigte sich beim darauffolgenden Karneval. War das Fest in den Vorjahren immer wieder von betrunkenen Randalierern und Schlägern überschattet, gaben die Fanciulli der Feier ein gänzlich anderes Gepräge.

Man zog diszipliniert durch die Straßen, sang religiöse Lieder und auf dem Platz der Signoria die Hymne von Girolamo Benivieni, dem größten Dichter der Stadt.

Dieser wendige Poet, einst Günstling von Lorenzo de Medici, schrieb nun Lieder zur Begleitung der *Verbrennung der Eitelkeiten*.

Sie provozierten aber auch den Widerstand einer wachsenden Zahl von Savonarolagegnern.

So auch mein Vater, Leonardo.

Es kam zu Straßenschlachten mit feindlichen Banden, Anhängern der Medici, einer Gesellschaft junger Adeliger, der *Compagnacci*, die Schlägertrupps mobilisierten.

Und ihnen nahe standen die gefürchteten *Arrabbiati*, Männer die es mehr in die Freudenhäuser als zum Gottesdienst zog.

Sie lärmten während der Predigten des Frate und schwenkten stinkende Eselsfelle.

Weitaus gefährlicher aber waren die Briefe, die den Vatikan erreichten.

Denn Papst Alexander VI. wurde zum mächtigsten Feind Savonarolas.

Rodrigo Borgia, der mittlerweile zum Kirchenoberhaupt gewählte Spanier, stammte ja selbst aus einer Familie, die für ihren Hang zu Korruption und Vetternwirtschaft berühmt war.

Also der vorprogrammierte Todfeind des im fernen Florenz wetternden Mönchs.

Der Frauenheld Rodrigo Borgia verkörperte all das, was Savonarola verachtete. Der Bußprediger eiferte sich über das verlotterte Leben der Priester, Mönche und Laien, »heute im Puff und morgen bei der Kommunion.«

Dabei ging es im Konflikt zwischen der Kurie und Savonarola um mehr als nur die Moral. Es ging um Macht.

Mein Vater fasste das so zusammen: Die Forderungen der Savonarolabewegung reichten weit über die Stadtgrenzen von Florenz hinaus. »Ich habe für ganz Italien gepredigt«, und nannte Florenz das »Herz Italiens«.

Damit formulierte er den Anspruch, eine republikanische Bewegung zur Einigung Italiens zu führen.

Die herrschenden Aristokraten in Mailand und Venedig und der mit ihnen verbündete Borgiapapst sahen darin eine Bedrohung ihrer Macht.

Der Konflikt spitzte sich zu.

Im November 1494 marschierte Karl VIII. in Florenz ein.

Savonarola zwar kein guter Freund, konnte trotzdem eine milde Besatzungspolitik erreichen und die Sinnesfreude stieg wieder in Florenz.

Doch im August 1498 starb der Schutzherr Savonarolas, Karl VIII. Damit was das Schicksal von Savonarolo besiegelt.

Alexander VI. bestellte den Abweichler sofort und »unmittelbar nach Rom«.

Als Savonarola sich weigerte, exkommunizierte ihn der Papst kurzerhand wegen dessen »äußerst gefährlichen Lehren«. Am 8. April 1498 stürmte ein bewaffneter Mob das Kloster San Marco, wohin sich Savonarola mit seinen Getreuen zurückgezogen hatte.

Dort wurde er festgenommen und am 22. Mai 1498 zum Tode verurteilt.

Bereits am darauffolgenden Tag wurde er durch papsttreue Anhänger am Platz vor der Signoria verbrannt und danach seine Asche in den Arno gestreut.

Nichts sollte von ihm bleiben, kein Grab sollte Anziehungspunkt für Gefolgsleute werden.

Mein Vater war erleichtert. Aber zurück nach Florenz zog es ihn – noch – nicht …

Er trat stattdessen in die Dienste von Cesare Borgia.

Wer aber waren diese Borgia?

4. Borgia

Wenden wir uns nochmals dem Jahr 1492 zu.

Am Dienstag den 25. Juli 1492 starb Papst Innozenz VIII.

Und seit nunmehr 16 Tagen tagte das Konklave des Kardinalskollegiums in der Sixtinischen Kapelle.

Die Kardinäle berieten sich schon tage- und nächtelang, aber das Konklave war noch zu keiner Einigkeit gelangt, wer der nächste Papst werden sollte.

Bis zu jenem Abend des 9. August 1492, einem Mittwoch, als ein vermummter Bettler aus dem Dunkel einer Säule am Petersplatz humpelte, plötzlich ein Schwert zog und damit dreimal auf einen Stein schlug.

Und damit die Christenheit in eine düstere Epoche führte.

Ein Fenster eines Seitenflügels des Vatikans öffnete sich und ein Päckchen landete direkt vor den Füßen des mysteriösen Boten.

Dieser, nunmehr gar nicht mehr humpelnd, rannte durch das nächtliche Rom zu einem prächtigen Palazzo, an deren Tür er vehement klopfte.

Als die Türe sich endlich öffnete, lüftete der mutmaßliche Bettler seine Kapuze: Es war Cesare, der Sohn des ehrgeizigen Kardinals Rodrigo Borgia, der unter allen Umständen Papst werden wollte.

Die junge Dame, die ihm geöffnet hatte, war niemand anderer als Lucrezia Borgia, seine Schwester.

Und damit begann eine krimireife Bestechungsszene, die ihresgleichen sucht.

Vanozza de Cattanei, Mätresse des Kardinals, Mutter von Cesare und ihre Tochter Lucrezia füllten gebratene Hähnchen mit Schenkungsurkunden und Pfründen, die am nächsten Tag ins Konklave geliefert und jenen Kardinälen übergeben werden sollten, deren Stimme Rodrigo Borgia noch bedurfte.

Viele Kardinäle aus berühmten Familien wie den Orsini, della Rovere und den Medici hassten den Anwärter der Borgia, den sie abfällig – auf

Grund seiner spanischen Herkunft – Marranen, Schwein, nannten, ein skrupelloser Emporkömmling iberischer Juden.

Die letzten Lichter erloschen in Rom und nach dem zweiten Wahlgang stieg grau-schwarzer Rauch aus dem Schornstein.

Der Geheimplan schien aufzugehen: Versteckt in den Brathühnchen, die am nächsten Tag ins Konklave geliefert wurden, ließ Rodrigo Borgia großzügige Geschenke, Paläste und Geldmittel an seine Kardinalskollegen schicken, deren Stimmen er noch benötigte.

Und siehe da: Zwei Tage nach der »Wurfpost« stieg weißer Rauch aus dem Schornstein der Sixtinischen Kapelle auf: Rodrigo Borgia war Papst.

Und nannte sich Alexander VI.

Die »Amtszeit« dieses Papstes begann eher als Mafiapate denn als Nachfolger Petri und war geprägt von Korruption, Erpressung, Giftmorden, Skandalen, Orgien und Inzest im Vatikan.

Und darin tief verwickelt: mein Vater Leonardo, als Intimfreund des ersten und illegalen Sohnes des Papstes, Cesare Borgia.

Mein Vater hatte einen neuen Arbeitgeber gefunden.

Und war in dessen Auftrag mehrmals auch in Florenz. Bei einer dieser seltenen Gelegenheiten beauftragte er mich mit einer kleinen, administrativen Aufgabe. Bevor er aber wieder unerwartet verschwand und mich in Florenz zurückließ. Ich wusste weder ein noch aus und kam so relativ bald in schlechte Gesellschaft. Oft verbrachte ich die Tage und auch Nächte im Gasthaus *Agnello,* wo ich dem venezianischen Buchdrucker und Verleger Aldus Pius Manutius begegnete. Dieser, reich, angesehen und mit großer rhetorischer Gabe ausgestattet, überredete mich eines Abends ihm in Bologna zu Diensten zu sein. Viel zu spät merkte ich seine kriminelle Energie hinter dem herrschaftlichen Getue. Und so saß ich bald im *Palazzo Re Enzo,* dem ersten Gefängnis von Bologna ...

Die Borgias selbst entstammten der spanischen Adelsfamilie Borja aus Xativa, der Kreishauptstadt der Region La Costera nahe bei Valencia.

Nach Italien kamen sie 1378 als Alonso de Borja als Papst Calixtus III. in Rom einzog. Sein Neffe Rodrigo wurde von ihm zum Kardinal des kanonischen Rechts in Bologna, 1456 zum Kardinal und ein Jahr später zum Vizekanzler ernannt, ohne jemals die Priesterweihe erhalten zu haben.

Und damit begann für Florenz, Mittelitalien und Rom – wie wohl auch für meinen Vater – eine der bewegtesten, schillerndsten Perioden dieser Zeit.

Rodrigo hatte zum Zeitpunkt seiner Papsternennung schon drei illegitime Kinder: Pedro-Luis, Girolamo und Isabella.

Seine Mätresse, die dreimal verheiratete Vanozza de Cattanei, gebar dem Papst nochmals vier Kinder: Cesare, Juan, Lucrezia und Joffre.

Auch als die 15-jährige Giulia Farnese die neue Geliebte des Papstes wurde und ihm 1492 die Tochter Laura schenkte, war Leonardo schon voll in die unglaublichen Verhältnisse eingebunden. »Der Herr will nicht den Tod des Sünders, sondern dass er lebt und zahlt«, soll mein Vater dem Papst eingeflüstert haben, sodass der Papst Verbrecher gegen Bezahlung begnadigte und einen regen Ablasshandel sein eigen nannte. Ob mein Vater dabei mitverdiente, konnte ich nicht eruieren. Aber ich glaube mit hoher Wahrscheinlichkeit, dass er es tat. Er galt ja nicht umsonst als vermögend …

Befremdend war auch das Verhältnis der neuen Mätresse Giulia Farnese zu Leonardo und Cesare; ihr Bruder, Alessandro, wurde gleichzeitig wie Sohn Cesare zum Kardinal ernannt, ohne dass dieser wusste, wie ihm geschah …

Auch nicht unumstritten war das Verhältnis Cesares zu seinem jüngeren Bruder Juan, der eines Tages die Würden seines Stiefbruders Pedro Luis nach dessen Tod übernahm. Er wurde Herzog von Gania und mit der wunderschönen Maria Enriquez verheiratet, die eine Cousine von Ferdinand II. dem König von Sizilien, Kastilien, Leon und Aragon war.

Cesare, ein »Monster, Antichrist und ein Meister der *dissimulazione*, der Täuschung«, meldete der venezianische Gesandte in Rom, Girolamo Donato, erbittert nach Venedig.

Und tatsächlich rief der Name Borgia Angst und Schrecken hervor – und das sollte er auch.

Nur bei meinem Vater machte Cesare eine Ausnahme: Nachdem er mit 17 zum Kardinal ernannt worden war, lud er Leonardo in seinen *palazzo* im Stadtteil Trastevere nach Rom zu einer ersten Unterredung ein. Vater meinte, dass er Cesares Lebensstil nicht gerade als angemessen für einen Kirchenmann empfand.

»Er geht ständig auf die Jagd, kleidet sich sehr weltlich in Seide und ist immer schwer bewaffnet. Er ist intelligent und charmant und tritt wie ein Fürst auf. Er ist lebhaft und fröhlich und liebt Gesellschaft. Dieser Kardinal hat niemals irgendeine Neigung zum Priestertum, aber das Amt bringt ihm 16 000 Dukaten pro Jahr ein, wovon auch ich ordentlich profitiere …«

Und trotzdem war Leonardo von Cesare richtig fasziniert. Was ihn, meinen Vater, denn so sehr an Cesare begeistert habe, fragte ich ihn.

»Nun, er ist überdurchschnittlich gebildet, spricht – natürlich ob seiner Herkunft Spanisch, hervorragend Französisch und Italienisch und ist auch des Lateinischen und Griechischen mächtig. Außerdem fordert er mich ständig bei Musik, Zeichnen, Arithmetik und euklidischer Geometrie heraus …«

Und was meinem Vater natürlich nicht verborgen blieb: Cesare war überdurchschnittlich groß und athletisch, hatte dunkle Haare mit einem leichten Rotschimmer und sah verdammt gut aus.

»Er übte die gleiche Anziehung auf Frauen wie auf Männer aus, war immer extravagant und gab viel Geld für Berberpferde aus.«

Cesare, der vielseitig interessierte junge Mann übergab eines Tages meinem Vater eine lange Liste mit verschiedenen Fragen, denen Leonardo schon längst wissenschaftlich begegnet war, ihn aber doch verblüfften:

»Er wollte Informationen über Chiffreschriften, Festungsbau, Gifte, konnte man ein künstliches Gedächtnis herstellen, wie könnte man unter Wasser atmen, kann man einen Totenkopf zum sprechen bringen und einen Apparat erfinden, mit dem man von einer Burg zur anderen sprechen könnte?«

Natürlich war mein Vater in seinem Element. Keine der Fragen blieb unbeantwortet und so verbrachten die beiden viel Zeit miteinander.

Und auch Cesars vielseitige Eskapaden mit diversen Damen des französischen Hofs, ließen meinen Vater nicht unbeeindruckt. Besonders gefielen ihm Anne de Foix-Candale sowie Charlotte d'Albret, die Cesare dann doch heiratete.

»Im Schloss von Bois«, so mein Vater aufgebracht, »standen berittene Kuriere, um Cesares glorreiche Taten im Ehebett seiner schönen Angetrauten, sogleich nach Italien und Spanien zu übermitteln …«

Was seinen Eskapaden, zurück in Italien, keinen Abbruch tat:

Dorothea Carracciolo, Flamment de Michelis und Giovanni Borgia, genannt Infanus Roma, um dessen ungeklärte Herkunft sich unzählige Spekulationen rankten, könnte es sich – meinem Vater zufolge – um einen inzestuösen Sohn von Cesar und seiner Schwester Lucrezia Borgia handeln.

Am 14. Juni 1497 fand man seinen jüngeren Bruder Juan mit durchschnittener Kehle im Tiber treiben: einer von vielen Morden, die man Cesare zuschrieb.

Gerüchten zufolge hatte er seinen Bruder um die westliche Macht als Herzog von Gandia beneidet. Seine Gattin Maria Enriquez hatte er ja sowieso schon umgebracht.

Mein Vater schlug Cesare vor, sich unbedingt einen persönlichen Leitspruch zuzulegen, was dieser auch unmittelbar umsetzte und einführte:

»Aut Caesare aut nullus« – »Entweder Caesare oder niemand«.

Mein Vater war zufrieden …

Gemeinsam heckte Vater mit Cesare Borgia einen Schlachtplan aus, wie sie die chaotische und gesetzlose Region Romagna erobern könnten, die nördlich von Rom begann und nominell der Oberhoheit des Papstes unterstand.

Mithilfe des hohen Beamten Machiavelli schufen Leonardo und Cesare in kürzester Zeit ein Fürstentum und eine Machtbasis in Imola, Forli, Pesaro, Rimini und Cesena. Sie kontrollierten damit die wichtige Handelsstraße von Florenz an die Adriaküste. Mit dem neuen Titel *Herzog der Romagna* zogen sie bedrohlich auf Florenz zu, deren Regierung sich nervös auf Verhandlungen einließ und Cesare Borgia mit einem Jahressalär von 30 000 Dukaten als *condottiere* anstellte. Was sich bald als riesiger Fehler herausstellen sollte: Dieser Betrag war de facto ein Schutzgeld, das Florenz gerne zu zahlen bereit war – aber Cesare und Leonardo zogen ab, ohne auch nur den Finger zu rühren. Und kassierten.

Eine Weile blieb es ruhig in Florenz. Doch schon im Frühsommer des darauffolgenden Jahres trafen beunruhigende Nachrichten ein: Arezzo und Urbino schlossen sich Borgia an und Cesare vertrieb seinen ehemaligen, besten Verbündeten aus Florenz: Guidobaldo de Montefeltro wurde durch Niccolo Machiavelli ersetzt …

In einer Depesche an meinen Vater berichtete Machiavelli über seine Audienz bei Borgia:

»Es war bereits dunkel, als ich ankam, die Tore des Palazzo waren geschlossen und wurden bewacht. Der Herzog gab sich herrisch und war mürrisch, obschon er mich hinbeordert hatte und von mir etwas wollte. Er verlangte ›eindeutige Gewissheit‹ über die Absichten, die man in Florenz gegen ihn hegte. ›Ich weiß, dass mir eure Stadt nicht wohlgesonnen ist und mich wie einen Mörder fallen lassen möchte. Wenn ihr mich nicht zum Freund haben wollt, werdet ihr mich zum Feind haben. Und das werdet ihr und die Bürger von Florenz bitter bereuen!‹«

Machiavelli war beeindruckt und fuhr in der Depesche an meinen Vater weiter fort:

»Der Herzog ist so unternehmenslustig, dass er vor nichts zurückschreckt. Um des Ruhmes und der Vergrößerung seines Herrschaftsgebietes willen gönnt er sich keine Ruhe, gibt keiner Müdigkeit nach und kennt auch keine Gefahr. Er trifft an einem Ort ein, bevor irgendjemand weiß, dass er einen anderen verlassen hat. Er gewinnt die Zuneigung seiner Soldaten und zieht die besten Männer Italiens ab. So auch Sie, verehrter Messer Leonardo und mich, Niccolo Machiavelli. Und sein Glück ist beständig. Aus all diesen Gründen ist er siegreich und furchterregend zugleich …«

Anschließend an diese Audienz kehrte Machiavelli Ende des Monats nach Florenz zurück.

Was eigentlich veranlasste Cesare Borgia, meinen Vater in seine Dienste zu stellen und ihm den ranghöchsten Posten zuzuteilen?

Nun, Cesare suchte einen Mann, der über Kenntnisse der »geheimdienstlichen Datensammlung« verfügte.

Piero Soderini, Regierungsvorsitzender in Florenz, und Niccolo Machiavelli empfahlen Herzog Cesare »einen der besten Männer Italiens: Leonardo ist ein ungemein fähiger Militäringenieur und für uns Florentiner, unser Mann an Eurem Hofe Cesare Borgia …«

Ende Juni machte sich mein Vater auf den Weg. Mich nahm er als »persönlichen Ratgebern« mit sich, was ihm der Herzog problemlos gestattete.

Ich verfasste eine Liste mit Gegenständen, die er unbedingt mitnehmen sollte: Zirkel, Degengehänge, Sohlen für Stiefel, einen leichten Hut, einen Schlauch zum Schwimmen und ein ledernes Wams. Außerdem ein Buch mit weißem Papier zum Zeichnen und Kohle.

»Wo eigentlich ist Valentino?« Ein Beiname, den Cesare als Herzog von Valentinois von meinem Vater verliehen bekam.

Und dann noch eine interessante, weil etwas ausgefallene Notiz: Leonardo verlangte ein Brillengestell oder ein Stativ für ein optisches Vermessungsgerät ... War mein Vater kurzsichtig? Litt er unter schwindender Sehfähigkeit?

Und kurz darauf hielt Vater ein Dossier in Händen, an das weder Leonardo selbst noch sonst jemand in dieser Form geglaubt hätte. Und zwar von Cesares Handschrift war darin folgendes zur Kenntnis gebracht worden:

»Cesar Borgia, durch Gottes Gnade Herzog der Romagna und Valence, Fürst der Adria, Herr von Piombino, Bannerträger und Generalkapitän der Heiligen Römischen Kirche:
An alle Statthalter, Festungskommandanten, Hauptleute, Condottieri, Beamte, Soldaten und Untertanen, denen dieses Dokument vorgelegt wird.
Wir ordnen an und befehlen, dass dessen Inhaber, unser hervorragender und hochgeschätzter Architekt und Generalingenieur, Leonardo Vinci, der in unserem Auftrag die Orte und Festungen unseres Staates inspiziert, jede Unterstützung erhalten soll, die er verlangt und für richtig erachtet!«

Dieses Dokument gab uns nun die volle Freiheit, den gesamten Machtbereich der Borgias zu bereisen, wobei »alle Ausgaben für ihn und seine Leute zu erstatten sind!«

Ein weiteres Schreiben ging sogar noch einige Schritte weiter:
»Er und seine Mitreisenden sollen freundschaftliche Aufnahme finden und alles, was er mag, in Augenschein nehmen, ausmessen und sorgfältig untersuchen dürfen. Andere Ingenieure werden hiermit verpflichtet bei ihm Rat einzuholen und sich seinen Ansichten anzuschließen«.

Das Dokument war dazu bestimmt, misstrauischen Wachsoldaten an Straßensperren und Kontrollpunkten oder peniblen Festungskommandanten vorgelegt zu werden und erinnerte mich eigentlich daran, welche Gefahren hier an den Grenzen des neuen Borgia-Reiches lauerten.

Mein Vater nahm das zunächst alles sehr gelassen. Aber kurz darauf hatte er genug; es reichte ihm. Er reiste nach Florenz zurück. Ein Albtraum in Rom aber blieb. Und zwar in der Gestalt des Vaters von Cesare Borgia, dem Papst Alexander VI.

5. Vatikan

Die Einwohner der Ewigen Stadt fragten sich immer häufiger, ob es stimmte, was man sich über die Papstsippe erzählte. Selbst Insider des Vatikans trauten immer häufiger ihren eigenen Augen und Ohren nicht. Die vielen Borgiageschädigten versorgten eine immer größer werdende, sensationslüsterne Öffentlichkeit mit immer pikanteren und groteskeren Geschichten und heizten die Gerüchte zusätzlich an.

Ohne dabei gewesen zu sein, wusste Vater von einer Orgie am 31. Oktober zu berichten, am Vorabend des hohen kirchlichen Fests Allerheiligen: das »Aller-Huren-Fest« …

Aber irgendetwas in seinem Inneren ließ Vater zweifeln. Er glaubte dem nicht so ganz. Waren doch just um diese Zeit Leumundsforscher aus Ferrara im Auftrag Alfonso I D'Este unterwegs. Und derartige Vorkommen hätten die bevorstehende Heirat Lucrezias und damit ein strategisches Ziel von entscheidender Bedeutung schwer gefährdet.

Aber die Kurtisanengeschichten rissen nicht ab. So erwiesen sich Gerüchte, dass der Papst seine Tochter Lucrezia im Sommer für die Zeit seiner Abwesenheit im südlichen Latium die Führung der politischen Geschäfte der Kurie übertragen hat, als wahr. Eine Frau als – zwar nur provisorisch doch immerhin – Chefin im Vatikan, mit dem 95-jährigen Kardinal Costa als Ratgeber an ihrer Seite: Was für ein Affront!

Andere Vorkommnisse, die den Zeitgenossen nicht geheuer waren, erklärte mein Vater mit der Tatsache, dass selbst die Furcht von Papst Alexander VI. vor seinem Sohn nur Teil eines ausgeklügelten Rollenspiels war und diente der Imagepflege: Wenn sich selbst der Heilige Vater vor Cesare, seinem eigenen Sohn, fürchtete, dann durfte sich niemand mehr vor diesem sicher fühlen.

Warum aber ließ Alexander VI. währen der Ostersonntagsmesse ein Stück der Hostie verschwinden? Der Zeremonienmeister war selbst ratlos. An einen Formfehler oder eine Unachtsamkeit mochte er nicht glauben. Doch wozu benötigte der Borgiapapst dieses Stück vom Leib des Herrn? Regte sich doch etwaige Reue und Dank?

Wenige Tage zuvor waren der Papst und sein Sohn auf der kurzen Schiffsreise von der frisch eroberten Insel Elba zum Festland in einen Sturm geraten und dem Schiffbruch nur um Haaresbreite entgangen.

Zwei Wochen später wurde Cesare seinem selbst geschaffenen Mythos wieder voll gerecht und überraschte seinen nächsten Gegner.

Er ersuchte Guidobaldo da Montefeltro, Herzog von Urbino der Provinz Pesaro in überschwenglicher Höflichkeit – praktisch von Fürst zu Fürst – darum, ihm erst seine Geschütze und dann auch seine Soldaten auszuleihen. Die Begründung war so schmeichelhaft wie nur möglich. Guidobaldo werde von seinen Untertanen wie ein treusorgender Vater geliebt und sei daher nicht auf Waffengewalt angewiesen, um sich zu behaupten.

Der nichtsahnende Herzog gab daraufhin dem Antrag statt, entlieh seine Streitmacht und sah sich kurz darauf bereits in akuter Lebensgefahr: Mitte Juni eroberte Cesare das nunmehr schutzlose Urbino im Handstreich. Der schwer kranke Guidobaldo da Montefeltro konnte sich in letzter Minute durch ein unbewachtes Tor aus der verlorenen Hauptstadt heraustragen lassen. Damit war eine regelrechte Treibjagd auf den siechen Fürsten eröffnet.

Damit er den Häschern seines Sohnes in Netz ging, versuchte der Papst ihm die Fluchtwege abzuschneiden. Er zitierte den venezianischen Botschafter in den Vatikan und verlangte, dem flüchtigen Herzog kein Asyl zu gewähren!

Doch das ging den auf ihre Ehre bedachten Patriziern an der Lagune entschieden zu weit. Den wegen seiner Bildung und seines Mäzenatentums hoch geschätzten Herrscher aus alteingesessener Adelsfamilie wie einen Banditen zu ächten, überschritt alle Grenzen des politischen Anstands.

Der Antrag wurde einstimmig abgelehnt und Papst Alexander VI. und sein Sohn Cesare mussten eine bittere Niederlage einstecken.

Mein Vater gab zu der Situation keinen Kommentar ab.

6. Ginevra Benci

Im Jahre 1472, als mein Vater gerade mal 20 Jahre alt war, begegnete er in Florenz der wunderschönen Tochter des Amerigo de Benci, Ginevra de Benci.

Beide, Ginevra und Leonardo, genossen nicht nur die unbeschwerte Zeit in Florenz, sondern auch die besondere Gunst Lorenzo de Medici.

Ginevra war zu diesem Zeitpunkt erst 15 Jahre jung und war Luigi Niccolini, einen um mehr als 17 Jahre älteren Kaufmann, als Ehefrau versprochen.

La Bencina, wie sie auch genannt wurde, war meinem Vater zufolge jung, klug, schön und reich …

In Antello, südlich von Florenz, wurde sie auf dem Landsitz der Familie geboren. Den sozialen Aufstieg der Familie Benci hatten sie den engen, geschäftlichen Beziehungen mit den Medici zu verdanken.

Mein Vater bestach daraufhin den Kämmerer des örtlichen *catasto* und wurde in einem geheimen Akt dahingehend informiert, dass das Vermögen des Amerigo de Benci auf 26 000 Florin geschätzt wurde.

Ein ansehnlicher Betrag, für den es sich schon einmal lohnte, die Tochter zu verführen.

Aber mein Vater war nicht alleine.

Ginevra stand auch in einer wilden Beziehung mit dem brillanten aber recht ausschweifenden, venezianischen Diplomaten Bernardo Bembo, der als venezianischer Botschafter mit Frau und Sohn sowie einer Mätresse und einem weiteren, allerdings unehelichen Sohn in Florenz lebte und arbeitete.

Als mein Vater sie daraufhin zur Rede stellte, schrieb sie ihm nur eine Zeile auf feinstem Papier: »Ich bitte um Verzeihung, ich bin ein wilder Tiger.«

Mein Vater hatte soeben das Medium der Ölfarben für seine nach wie vor spärlichen Bilder und seiner ebenso geringen Malbegeisterung entdeckt und bat Ginevra jeden Tag, den er mit ihr verbringen konnte, sie zu porträtieren.

Spitzbübisch und dennoch verführerisch weigerte sich Ginevra, als sie dann doch eines Abends unter diversen Bedingungen nachgab.

Mein Vater erklärte – nicht ohne Stolz und mit einem gewissen Siegerlächeln um die Mundwinkel – dass er sie bekleidet und mit einem Wacholderstrauch umrahmt zu malen versprach.

Ausschlaggebend war die Wahl der Pflanze *Ginepro*, ein Wortspiel mit dem Vornamen der jungen Dame und der italienischen Bezeichnung von Wacholder.

Auf der Rückseite des Bildes brachte mein Vater ein Spruchband mit den Worten *Virtutem Forma Decorat* an, was soviel wie »Schönheit erhöht den Glanz der Tugend« bedeutete und zweifellos eindeutig zweideutig ausgelegt werden kann: Schönheit ja – Tugend nein.

Obwohl die beiden als heimliches Liebespaar galten, verschwand Ginevra irgendwann für immer aus meinem und meines Vaters Augen und Leben …

Für mich war meine Mutter verloren …

7. Fioravanti Domenico

Man hatte meinem Vater immer nachgesagt, dass er mehr an Männern als an Damenfreundschaften interessiert sei. Und so entging er auch einem peinlichen Prozess nicht, in dem er wegen Homosexualität angeklagt war. Er habe sich zu intensiv mit dem 17-jährigen Prostituierten, Jacopo Saltarelli, eingelassen.

Mein Vater kramte ein zerknülltes, fleckiges Dokument aus seiner Tasche, dessen gespenstischen Inhalt er mir und der mit offenem Mund zuhörenden Maturina langsam vorlas.

»An die Beamten der Signoria:

Hiemit bezeuge ich, dass Jacopo Saltarelli, Bruder des Giovanni Saltarelli, ungefähr 17 Jahre, immer in Schwarz gekleidet, wohnhaft in der Vacchereccia sich zahlreichen, unsittlichen Handlungen hingibt, um gegen Bezahlung bereitwillig sündigen Diensten von Personen nachzukommen.

Folgende Männer kann ich beschwören:

Bartolomeo di Pasquino, Goldschmied in der Vacchereccia

Lionardi di Ser Piero da Vinci, Beruf unbekannt, wohnhaft unbekannt

Baccino, Wamsmacher und Schneider, wohnhaft nahe Orsanmichele

Lionardo Tornabuoni, alias »Il Teri«, Beruf und Adresse unbekannt, immer schwarz bekleidet«

Und so geschah, was geschehen musste: Am 7. Juni 1476 wurden die vier Genannten vor Gericht geladen. Da die Verhandlungen einzeln und unter Ausschluss der Öffentlichkeit stattfanden, waren meinem Vater die Urteile der Mitangeklagten nicht bekannt.

Sein Verfahren wurde jedoch sehr rasch und sehr bald offiziell eingestellt.

Ob es eventuell eine Weisung von »ganz oben« gegeben hatte?

Aber dem war nicht genug. Mein Vater hatte niemals einen Hehl daraus gemacht, ein glühender Verehrer des großen italienischen Dichters Dante Alighieri zu sein, der vor knapp 180 Jahren in Ravenna verstorben war.

Und das widersprach eigentlich komplett der Anklage gegen ihn …

In seinem *Inferno* geißelt Dante Homosexuelle als Sodomiten, Homosexualität als »Verbrechen wider die Natur« und bezeichnet sie somit als Todsünder. Dante verdammt sie in die tiefste Hölle und verweist dabei auf das Alte Testament, nennt es aber auch eine »archäologische Hypothese«, zumal er keine historischen Dokumente finden konnte. Aber worauf berief sich Dante?

Dante Alighieri bezog sich auf die biblische Erzählung, dass Gott Abraham aufforderte, dem schändlichen Treiben in Sodom und Gomorra ein Ende zu bereiten. Wenn ihm das nicht gelänge, würde er beide Städte mit Feuer und Schwefel vernichten.

Abraham versuchte verzweifelt, mindestens zehn »anständige Menschen« zu finden, die ihm helfen sollten, Gottes Drohung abzuwenden.

Aber es gelang ihm nicht. In Sodom und Gomorra herrschte weiterhin ein ausschweifender und »widernatürlicher« Lebenswandel. Worauf Gott seine Strafe wahrmachte.

In einer völlig konträren Studie berichtet Dante Alighieri – und darauf berief sich mein Vater vehement – über die *platonische Liebe*. Und genau das war es, was meinen Vater rettete, da er seine Verteidigung und das Schlussplädoyer selbst in die Hand nahm und nicht seinem Verteidiger überließ und so das Gericht überzeugen konnte.

»Platon, der antike griechische Philosoph, Schüler des Sokrates, Lehrer des Aristoteles und mit Perikles verwandt, spricht von einer ›höheren Liebesform‹, einer ›Liebe‹ zwischen Lehrern und Schülern, in der kein sexuelles Interesse vorhanden ist.«

Er holte dann gleich zum verbalen Rundumschlag aus. Leonardo wörtlich:

»Die griechische Lyrikerin Sappho ist schon in der antiken, griechischen Kultur, zum Ideal- und Vorbild der Liebe zwischen Frauen geworden!

Auf der Insel Lesbos gründete sie eine Schule und bildete junge Mädchen aus und schreibt auch in ihren Gedichten ausführlich darüber!«,

... donnerte mein Vater in den Gerichtssaal »und kein Wort über Sex«.

Der Ratsvorsitzende, die Richter, die Schöffen und Gerichtsschreiber waren verstummt. Wenig gebildet konnten sie dem nichts entgegensetzen.

Nach kurzer Beratung, zu der sich das Gericht zurückgezogen hatte, erfolgte das Urteil: Freispruch!

Was allerdings nichts an der öffentlichen Diskussion änderte.

Aber was hieß es denn, im Florenz des Quattrocento schwul zu sein? Nominell war es ein Kapitalverbrechen. Mein Vater meinte, die Antwort sei komplex und mehrdeutig. Aber Homosexualität war weit verbreitet und machte weder vor Künstlern wie Donatello noch Bankern wie Filippo Strozzi Halt. Und auch Michelangelo galt als schwul. Florentinische Richter beließen es meistens bei einer Geldstrafe und Verwarnung, aber es wurden auch Todesurteile vollstreckt.

Über die Hintergründe der Anzeige, welche im April 1476 bei den Behörden einging, konnte sich mein Vater nur Gedanken machen. Eine klare Antwort gab es nicht. Überall hingen die *buchi della verita*, also die »Münder der Wahrheit« als Behältnisse auf den Straßen Florenz herum. Und jedermann konnte unbehelligt und anonym Denunziationen dort abliefern. Und auch die Offiziere der Nacht und Wächter über die Moral waren überall unterwegs. Man konnte sie auch als Sittenpolizei bezeichnen, die so manche Abrechnung an verhasste Bürger auf diese Art beglichen ...

Für Vater und dem vermeintlichen Grund der Anzeige, Jacopo Saltarelli, war die Sache aber damit noch nicht erledigt.

Ich fragte meinen Vater, ob er denn diesen Jacopo Saltarelli kenne?

Ausweichend beantwortete mein Vater meine Frage: Im Kataster von Florenz war zur damaligen Zeit ein vielköpfiger Clan namens Saltarelli gemeldet.

Kopf war Renzo Saltarelli, aber sein Vermögen wurde mit nur 2918 Florin angegeben, sodass es nicht besonders verwunderlich gewesen wäre, hätten sich einige der jüngeren Familienmitglieder andere Geldquellen als die Arbeit mit Pelzen von graublauen Eichhörnchen gesucht.

Ob er jemals herauszufinden versucht hatte, wer denn eigentlich der Denunziant gewesen sei?

Auch hier bekam ich nur ein unwirsches Grummeln als Antwort.

Die Vacchereccia ist eine kurze, breite Straße, die in der südwestlichen Ecke der Piazza della Signoria beginnt. Ein paar Häuserblocks weiter befindet sich die Via dei Cimatori, in der einige der anderen Beschuldigten wohnten. Entweder handelte es sich bei den Denunzianten um boshafte Nachbarn oder Konkurrenten.

Und doch hatte mein Vater einen plausiblen Gedankengang: ein Mitbeschuldigter, Bartolomeo di Pasquino war einem seiner Mitbewerber, nämlich dem »Künstler« Antonio del Pollaiuolo auf die Schliche gekommen. Dieser hatte in seiner Steuererklärung (wo hatte mein Vater nur diese intimen Informationen bekommen?) angegeben, nur »kleinere Besitzungen« sein Eigen zu nennen und als Beruf »Malergehilfe« angab, obwohl sein offen zur Schau getragener Lebensstil eher das Gegenteil bewies.

War das jetzt die Rache?

Ganz anders verhielt es sich bei »Il Teri« – mein Vater begann jetzt langsam mit den Tatsachen herauszurücken.

Bei Leonardo Tornabuoni, der im Aktenvermerk mit »Beruf und Adresse unbekannt« erschien, war hier in Florenz jedem klar, dass man diese Person nur im Palazzo Tornabuoni an der breiten, angesehenen Straße finden konnte, die vom Ponte Santa Trinita hinaufführte.

Die enge Verbindung der Tornabuonis zu den Medici und Strozzi war durch eine Heirat von Piero de Medici und Lucrezia Tornabuoni gefestigt worden.

Lucrezia, gebildet, bildhübsch, Dichterin und Geschäftsfrau, war eine Dame der Florentiner Gesellschaft neuer Prägung. Ein Typ von Frau der nächsten Generation.

Lucrezias Bruder Giovanni leitete die römische Niederlassung der Medicibank, hatte aber auch sehr gute Verbindungen zu den Todfeinden der Medici, der Familie Pitti, da seine Tochter Francesca mit Luca Pitti verheiratet war.

Die Pittis wiederum waren mit den Tornabuonis bestens befreundet und vernetzt.

Ein unglaublich gemeines, professionell geleitetes Spinnennetz kam zum Vorschein.

Wurde mein Vater in eine Lügen- und Schmutzkampagne der mächtigsten Familienclans von Florenz hineingezogen?

Aber dass die Anklage gegen ihn fallen gelassen wurde, bedeutete nicht, dass er schuldlos war. Vielmehr war da auch ein Schützling der Medici auf der Liste der Beschuldigten. Es ist mit einiger Wahrscheinlichkeit anzunehmen, dass die Unschuld meines Vaters nicht nur in der Kunst der Rhetorik und fundierten Kenntnis der antiken Philosophie zu suchen war, sondern politische Einflussnahme ihn vor weiterer Verfolgung bewahrte.

In mir regten sich Zweifel, Skepsis und Zwiespältigkeit.

Denn gleich darauf begann er mit einer Erzählung, die wieder Bedenken in mir hochkommen ließ …

Verträumt und mit belegter Stimme begann er von Affären zwischen ihm und Gian Giacomo Caprotti und einem gewissen Fioravanti di Domenico zu schildern, die mit den Worten »Fioravanti scheint mir in Liebe zugetan und ist eine Jungfrau, die ich lieben könnte …« begann – und auch gleich wieder endete.

Was war denn das jetzt?

Und dann ging es Schlag auf Schlag …

Jede Menge »Freunde«, Weggefährten und Gönner kamen ins Spiel, sodass Maturina und mir der Mund offen stehen blieb …

Ich ließ aber nicht locker. Wer war dieser Caprotti, den mein Vater »Teufel« nannte und ein verzücktes Lächeln aufsetzte, als er dann doch mit der Wahrheit herausrückte.

8. Giacomo Caprotti

Eine schillernde Persönlichkeit war der in Mailand im gleichen Jahr wie ich geborene Gian Giacomo Caprotti.

Mein Vater nannte ihn *Salaj,* den Teufel. Im Gegensatz zu mir nahm mein Vater ihn als Lehrjunge auf seine Reisen mit, unterrichtete ihn in der Malerei und hatte auch so ein enges Verhältnis zu dem Burschen, was mich oft neidisch machte. So auch als er 1490 in die Werkstatt meines Vaters in Florenz eintrat, um dort als Gehilfe zu arbeiten.

Aber alles von Anfang an.

Salaj war der Sohn des Pächters eines Weingutes vor Porta Vercellina.

Mein Vater war von der Anmut und Schönheit sowie von seinem »wunderschön gekräuselten, lockigen Haar« angetan. Obwohl Salaj eine nicht unbedeutende, kriminelle Energie mit sich brachte. 1490, als Giacomo gerade mal zehn Jahre alt war, nahm ihn mein Vater als Lehrjunge und Schüler zu sich in die Werkstatt, bot ihm eine Schlafkammer in seinem Haus und nannte ihn »Dieb, Verräter, Trotzkopf und Leckermaul« … Grund genug also für mich, neidvoll meinem »Bruder« gegenüber zu sein, obwohl er keiner war. Aber Vater liebte ihn abgöttisch, obwohl er kurz darauf vermerkte: »Salaj stiehlt Geld.«

»Jacomo«, so nannte ihn Leonardo »zog am Magdalenentag, einem Dienstag, in der Früh am 22. Juli 1490 zu mir.« …

Aber so uneigennützig war Leonardo nicht. Von Salajs Vater verlangte er eine beträchtliche Summe für die Aufnahme in seine Werkstatt, um »ihm etwas Ehrbares beizubringen«.

Salajs Vater Pietro war keineswegs vermögend, erhielt aber den Titel *dominius* von seinem Großvater Meister Johannes, was auf eine kleinere Länderei und einen gewissen Status hinwies.

Aber Pietro war bereit, für Giacomos Aufnahme in die Werkstatt des großen Leonardo da Vinci doch einen Batzen Geld hinzulegen. Vielleicht war er froh ihn loszuwerden, zumal mein Vater »ein gewisses Talent« zu erkennen glaubte.

Ein Problem ergab sich allerdings etwas später: Giacomo hatte zwei

Schwestern, beide äußerst habgierig, die vom Kuchen des Bruders nunmehr mitnaschen wollten. Trotz einiger Avancen, schmiss mein Vater sie kurzerhand aus dem Haus.

Giacomo begann als Dienstbote, Laufbursche und – als Modell. Mein Vater weihte ihn in die Geheimnisse der Technik und auch der Malerei ein. Trotz seines sicherlich großen Talents, bewegte sich Salaj stets am Grunde der Kriminalität und mit einem Fuß im Gefängnis.

Eines Abends wurde es meinem Vater allerdings zu bunt. Er erzählte: »ich ließ für Salaj zwei Hemden, ein Paar Hosen und ein Wams schneidern. Als ich ihm das Geld zum Bezahlen aus meinem Beutel geben wollte, stahl er mir blitzschnell den Beutel mit dem gesamten Inhalt.« Oder:

»Trotzdem nahm ich ihn am nächsten Abend zu einem Abendessen mit dem mir hochverehrten Professor, Architekt Giacomo Andrea da Ferrara, mit. Zu unserer beiden Entsetzen aß Salaj für zwei, trank für drei und machte Schaden für vier. Er zerbrach drei Krüge aus Kristall und schlief nach kurzer Zeit im Vollrausch stark schnarchend am Tisch ein.« Oder:

»Am 22.September vermisste der Geselle, Marco, seinen Silbergriffel im Wert von 22 Soldi, den er später in der Hosentasche Salajs wiederfand, wo dieser ihn versteckt hatte ...

vier Tage später, am 26. September, war ich im Hause des Messer Galeazzo da Sanseverino geladen, der ein Turnierfest veranstalten wollte und ich ihm dieses ausrichten sollte. Einige Pagen des hochangesehenen Bürgers von Mailand zogen sich in einer Garderobe um, um Kostüme von wilden Indianern anzuprobieren, die bei diesem Fest vorgeführt werden sollten. Da machte sich Salaj an den Geldbeutel eines der Knaben heran und stahl ihm 2 Lire und 4 Soldi ...

Kurz darauf bekam ich von Meister Agostino aus Pavia türkisches Leder zum Anfertigen von ein Paar Stiefel. Salaj stahl sie mir aus der Kammer, verkaufte sie einem Flickschuster um 20 Soldi um sich dafür Aniskuchen zu kaufen.«

Mein Vater stellte ihm ein denkbar schlechtes Zeugnis aus. Und trotzdem erschienen mir die Ausgaben für diese undankbare Kreatur fast wie ein Liebesroman in der nüchternen Buchhaltung: »ich kaufte für ihn einen Mantel, sechs Hemden, einen gefütterten Anzug, 24 Paar Schuhe, ein Barett sowie Gürtel und Schnürsenkel für insgesamt 32 Lire ...«

Ich erstarrte fast vor Wut, als mein Vater weiterredete: »Salaj, mein Rohdiamant, mein Salaino, kleiner Teufel, mein Kobold, ist Teil meiner eigenen Persönlichkeit«

Viel später erklärte mir Professor Andrea seine eigene Version über die, wie er es nannte, metaphysische Verbindung: Mein Vater projektierte Salaj in seine eigene Jugend und Gegenwart und fand sich darin selbst verkörpert. Dabei fühlte er sich frei von seinen eigenen, strengen, anstrengenden Tätigkeiten, des Studierens und Experimentierens.

Ob die beiden eine homosexuelle Beziehung hatten, konnte mir auch der Professor nicht sagen. Wenn ja, so der Professor weiter, so spiegelt sich darin eine unbewusste Wiederbelebung der eigenen Kindheit und damit der nie kennengelernten mütterlichen Liebe. Hinzukommend hieß Salajs Mutter ebenfalls Catarina wie meine Großmutter; und damit schließt sich ein weiteres Glied in dieser psychologischen Kette.

Ich selbst stahl danach einige Profilzeichnungen meines Vaters mit dem Abbild von Salaj und brachte sie Professor Andrea, um dessen feine und ungemein ausgeprägte Menschenkenntniss zu hören. Nun, seine Einschätzung war folgende: »ein etwas matt wirkender junger Mann um die 20 mit feinen Gesichtszügen, dessen schwere Augenlider aber einen Gesichtsausdruck irgendwo zwischen Amüsiertheit und Langeweile vermittelten. Ich würde ihn als Erscheinung einordnen, die über die Piazza bummelt oder auf einem *motorino* durch enge Gassen rasen.«

Was ihm aber ganz speziell auffiel, war die Feinheit der Zeichnung, die auf ein »ausgeprägtes Wissen der Anatomie und der Physiognomie des Gesichtes eines Menschen hindeutet ...«.

Salaj wuchs vom dem geschickten Dieb der ersten Jahre zu einem flotten, jungen Mann heran. Der sonst so sparsame Leonardo stürzte sich in beträchtliche Unkosten, um seinen verzogenen Schützling auszustaffieren.

Und auch die Schwestern von Salaj bekamen die Aussteuer für ihre Hochzeiten von Leonardo bezahlt.

Völlig unverständlich erschien mir auch, dass er sein Haus in der

Porte Vercellina nicht mir, seinem Sohn, sondern Salajs Vater zunächst billig vermietete und schlussendlich ganz vermachte.

Salaj nutzte die Großherzigkeit meines Vaters für sich und seine Familie schamlos aus. Für mich aber war dieser Schmarotzer mit Engelsgesicht vom Augenblick, als er in Vaters Werkstatt eintrat, ein untrennbarer Teil seines Gefolges: sein Schatten.

Neben seinen Aufgaben als Dienstbote, Lustknabe, Gefährte, Faktotum und Vertrauter, entwickelte sich Salaj aber im Laufe der Jahre zu einem genialen Kopisten, dessen Werke von jenen meines Vaters nicht mehr zu unterscheiden waren. Und wie er großspurig auch noch meinte: »das wird Experten in 500 oder 1000 Jahren noch Kopfzerbrechen bereiten, ob dieses Gemälde von Herrn Leonardo oder Herrn Caprotti gemalt wurde ...!«

9. Isabella d'Este

Ein schwüler, heißer Sommertag kündigte sich an.
Es war ein Sonntag, dieser 1. August 1490 in Mantua.

Mein Vater, auf dem Weg von Mailand über Bergamo, einem kurzen Aufenthalt in Desenzano am Gardasee und Verona, befand sich unterhalb des Castello di San Giorgio in Mantua.

Sein Ziel war es, dem Markgrafen der Provinz Mantua, Gianfrancesco Gonzaga, seine Aufwartung zu machen. Dieser hatte meinen Vater wissen lassen, dass er von seinen technischen Ambitionen in Mailand gehört hatte und diese nunmehr in Mantua ebenfalls einführen wolle.

Seit mehr als fünf Monaten war der Markgraf mit der 16-jährigen Isabella d'Este verheiratet. Diese verstand sich prächtig mit seiner Familie, brachte aber ihrem Gemahl eine gewisse Portion Misstrauen entgegen.

Vorher aber wollte mein Vater den Palazzo Broletto und die Accademia dei Timidi aufsuchen, wo sich das Museum Palazzo Ducale befand.

Mein Vater war ein glühender Verehrer seines Idols, Publius Vergilius Maro, kurz Vergil genannt und wollte den in der Accademia dei Timidi befindlichen Epos mit seinen 12 000 Versen nachforschen und studieren. Ganz bewusst suchte er den Vers 69, den Vergil zum Andenken an das Werk seines Freundes Cornelius Gallus verfasst hatte, nämlich als Vorlage für seine eigenen Dichtungen am Hofe.

Leonardo erreichte die Piazza Sordello, das Herzstück der Stadt, bog dann nach rechts, vorbei am Palazzo degli Sordello und durchschritt eine enge Gasse, die von einem Bogen überbrückt war.

Und genau da passierte es …

Isabella d'Este war von der anderen Seite in die enge Gasse eingebogen um zum Lauten- und Flötenunterricht zu eilen. Sie war spät dran, da sie vorher noch in griechischer und römischer Geschichte unterrichtet wurde.

Isabella war demnach nicht nur eine äußerst gebildete, sondern auch ausnehmend hübsche junge Frau.

Sie stolperte. Und fiel meinem Vater mitten in die Arme. Das erste, was er mit seinem scharfen Auffassungsvermögen konstatierte, war der Grund des Stolperns: Sie trug, der neusten venezianischen Mode zufolge hohe *Chopines*; die Sohlen der Schuhe waren mindestens 15 Zentimeter hoch und mit feinstem, weichen Ziegenleder überzogen. Der Schaft war aus reinem Brokat. »Mit diesem Schuhwerk konnte man nicht schnell unterwegs sein«, wie mein Vater mit Wohlwollen und der Gräfin im Arm spöttisch anmerkte.

Schade, dass sie mit dem alten Syphillisten verheiratet ist ..., dachte mein Vater, als er sie eher unsanft aber doch mit gebührender Hochachtung wieder auf die Beine brachte.

Was danach passierte, kommentierte mein Vater nur vage bis unverständlich. Auch auf die Frage, wie lange er sich in Mantua aufhielt, bevor er wieder nach Mailand zurückkehrte, antwortete er ausweichend, aber sein verklärter Blick und die schelmischen Lachfalten passten zu seiner aussagekräftigen Körperhaltung.

Isabella d'Este war willensstark und verbissen, wenn sie ihre Ziele durchsetzen wollte. Reich und gebildet regierte sie schon den Hof mit gebieterischer Strenge und einem schon krankhaften Selbstwertgefühl.

Zurückblickend, so erklärte uns Leonardo, hatte er ja schon früher in Mantua gewirkt. Die Estes aus Ferrara waren eine der ältesten und angesehensten Familien Italiens. Zu ihrer Markgrafschaft gehörten Städte wie Modena, Ancona und Reggio und hatten Verwandtschaft nach Deutschland und zum englischen Königshaus.

Die Heirat mit dem Markgrafen Francesco Gonzaga war ein diplomatisches Dreiecksgeschäft, zu dem auch die Heirat ihrer Schwester Beatrice mit Ludovico Sforza und die Heirat ihres Bruders Alfonso mit Ludovicos Nichte Anna Sforza gehörte.

Die damalige Ankunft Isabellas in Mantua wurde von meinem Vater logistisch vorbereitet.

Auf einem fantastischen, einem Kriegsgerät ähnlichen Wasserfahrzeug segelte sie den Po hinab und hielt auf einem Triumphwagen Einzug in die kleine, elegante, befestigte Stadt.

Merkwürdig, seltsam, ja fast schon grotesk hörte sich das Spektakel an, das mein Vater kurz darauf in Mantua für Isabella inszenierte.

Wie schon ein Jahr zuvor in Tortona für ein Empfangsbankett uraufgeführt kreierte Leonardo »mythologische Zwischenspiele«. Ein Orpheus – natürlich von meinem Vater dargestellt – der in einer »Schar schöner Jünglinge« die Leier spielte.

Der Inhalt oder die unterhaltsame Note waren nicht auszumachen. Vielmehr bediente er sich des Festes, um seine Vorliebe für schöne Knaben praktisch in aller Öffentlichkeit auszuleben, ohne Konsequenzen fürchten zu müssen. Aber die wahre Attraktion des Abends war der lebensgroße »Automat« eines Soldaten zu Pferde, den mein Vater konstruiert und auf der Piazza aufgestellt hatte.

Der Reiter hatte ein schwarzes Gesicht und trug einen weißen Mantel. Dieser »Automat«, eigentlich die Nachbildung eines Pferdes, in dem sich ein Mann befand, der den Mechanismus in Gang setzte, wirkte fast wie das von meinem Vater begonnene aber niemals vollendete Sforzapferd.

Isabella war entzückt – weniger ihr Gemahl Gianfrancesco, den – wieder einmal – seine ausgeprägte *maladie française* plagte und nach »weiteren Kannen Wein für den hervorragenden Künstler« rief. Leonardo rührte keinen Tropfen des köstlichen Weines an – dafür umso mehr der Markgraf, der alsbald unter dem Tisch verschwand.

Trotzdem unterlief Isabella an diesem Abend ein schwerwiegender Fehler, der sich dann auch Jahre später auf das Verhältnis mit meinem Vater äußerst negativ auswirken sollte: Isabella lobte lautstark ihre künstlerischen Favoriten: Raffael, Andrea Mantegna sowie die Komponisten Bartolomeo Tromboncino und Marchetto Cara. Tizian malte sie zweimal und ihr Studierzimmer, das berühmte *studiolo*, ließ sie von Mantegna, Perugino, Lorenzo Costa und Corregio ausmalen.

Unter ihrer Schirmherrschaft wurde der Hof zu Mantua einer der kultiviertesten in ganz Europa – und verwandelte meinen Vater, der außer dem Porträt keinen Auftrag erhielt, zum verbitterten Gegner seiner Geliebten wie auch Raffaels.

Trotzdem gestaltete er das Begräbnis – inklusive eingeforderter Beileidsbekundungen –, als Isabellas Schoßhündchen Aura verstarb.

Mir und Maturina war auch nicht bewusst, dass mein Vater sich einen hervorragenden Ruf als Musiker, Literat und Spaßmacher am Hof in Mailand erworben hatte, den sich die junge Markgräfin augenblicklich erkaufen wollte.

Selbst eine hervorragende Lautenspielerin forderte sie Leonardo bei ihren Soirees immer wieder auf, sein Können an der *lyra* zum Besten zu geben.

Dabei handelte es sich um ein harfenähnliches Zupfinstrument, eine von meinem Vater erfundene und entwickelte Geige, eine sogenannte Armleiter mit sieben Saiten. Man strich sie mit einem Bogen und griff die einzelnen Töne mit den Fingern auf einem Griffbrett. Neben dem Griffbrett waren noch zwei freie Saiten gespannt, die jeweils nur einen Ton hervorbrachten. Man zupft sie mit dem Daumen – mein Vater mit dem rechten – und er verwendete sie auch, um eine seiner rätselhaften pastoralen Wortspiele festzuhalten: »Wenn das Pferd über das Schaf geht, gibt das Holz einen lieblichen Ton von sich …« Das Pferd stand für den Bogen aus Pferdehaar, das Schaf für die Saiten aus Schafsdärmen.

Welche Art von Musik er denn spielte und komponierte, fragte ich ihn. »Nun«, war seine doch sehr amüsierte Antwort über meine Frage, »… die Musik im Florenz des Quattrocento war recht laut und vielgestaltig. Ich schrieb Lieder für den Karneval, für Flöten und Trommeln, Instrumentalvorspiele, Lieder zum Mitsingen und nicht ohne Stolz erfand ich die sacre rappresentazioni, eine modische Tanzmusik und virtuose Stücke für Orgeln …«

Dem damals in Florenz weilenden, flämischen Komponisten Johannes Tinctoris empfahl er, seine lyra »zur Begleitung und Verzierung von Vokalmusik und Rezitation« zu verwenden.

Natürlich nicht ohne vorher einen völlig überzogenen Preis für Urheberrechte einzukassieren …

Leonardo war auch ein typischer Vertreter des Medicikarnevalslied und der Mantuaner *frottola*. Über die Frottolen der berühmtesten Interpreten, Marchetta Cara und Bartolomeo Tromboncino, machte er sich lautstark lustig, verspottete sie und schon flogen die Fäuste und Weinkrüge am feinen Hof von Mantua.

Vater Leonardo, glühender Verehrer des Dichters und Geschichtsschreibers Petrarca aus Arezzo, nordöstlich von Siena stammend, fand in diesem Dichterfürsten eine Art Seelenverwandtschaft.

Nämlich darin, dass Petrarca am Ostermontag, den 6. April 1327, auf Laura de Sade aus Avignon traf. Obschon Laura mit dem Grafen Hugues II. de Sade verheiratet war, begann sich zwischen diesen beiden eine Leidenschaft zu entwickeln, die jener meines Vaters mit Ginevra de Benci oder Isabella d'Este um nichts nachstand.

Natürlich bekamen seine Erzählungen für mich insofern eine dynamische wie sentimentale Note, da ich bis heute nicht weiß, wer eigentlich meine Mutter ist. Oder ist Leonardo gar nicht mein leiblicher Vater?

Kalter Schweiß trat auf meine Stirn. Wie verhielt sich dieses Verhältnis nun zwischen dem inzwischen verstorbenen Petrarca und seinem Verehrer Leonardo? Was eigentlich war das verbindende Momentum? Die folgenden Aufzeichnungen Petrarcas, nunmehr in meines Vaters Händen, gaben keinen Aufschluss. Worte die mehr verbergen als offenbaren. Und auch die Zahlen besitzen einen christlichen Symbolwert.

Petrarca vermerkte Folgendes: »Laura erschien meinen Augen zum ersten Mal in meiner Jünglingszeit, im Jahre des Herrn 1327, am sechsten Tag des Monats April in der Kirche der Heiligen Klara zu Avignon. Und in derselben Stadt, im gleichen Monat April, auch am sechsten Tage und zur gleichen Stunde, jedoch im Jahre 1348, ist dem Licht der Welt jenes Licht entzogen worden.

Am 6. April ist Adam erschaffen und am 6. April ist Jesus gestorben. Zwischen dem Beginn der Liebe zu Laura und ihrem Tod 1348 liegen 21 Jahre; also drei mal sieben, auch eine christlich vielfach ausgedeutete Zahl.«

Die Erzählung meines Vaters geriet ins Stottern und Sinnieren.

Was eigentlich wollte er damit sagen, preisgeben?

Ein weiteres, dunkles Geheimnis ohne Spur und Ergebnis?

Vater erzählte weiter. Sachlich und ohne Pathos schilderte er jedenfalls, dass Isabella d'Este unbedingt ein Porträt von ihm wollte, er aber mangels Zeit und Interesse absagte.

Am 31. Dezember 1493 brachte Isabella ihr erstes Kind zur Welt. Eine Tochter, die sie nach ihrer kurz davor verstorbenen Mutter Eleonora nannte.

Am 17. Mai 1500, also fast zeitgleich mit dem Wiederauftauchen meines Vaters in Florenz, gebar sie ihren ersten Sohn, Federico.

Einen Monat zuvor empfing Leonardo den durch beste Verbindungen ausgezeichneten Kirchenmann Fra Pietro Novellara, Generalvikar der Karmeliter, der ihm einen recht gebieterischen Brief von Isabella d'Este überreichte. Mein Vater überflog die Zeilen und – entgegen seiner sonstigen Verehrung für Fra Pietro – herrschte er diesen ziemlich brutal und lautstark an: »Er hätte genug vom Pinsel; seine Zeit sei ausgefüllt mit mathematischen, naturwissenschaftlichen und geometrischen Studien …«

Der Pater aber sah mit seinen Adleraugen schräg aus den Augenwinkeln zwei Werke auf der Staffelei hinter Leonardo: die Madonna mit der Spindel sowie ein Gemälde für den Günstling des Königs, Florimond Robertet.

»Mmh, wie bringe ich das der Markgräfin bei«, dachte Fra Pietro bei sich, ohne den Eindruck zu vermitteln, Leonardo habe das Ansinnen der feinen Dame rundweg abgelehnt, ein Porträt von ihr anzufertigen …

Und so schrieb er zu Ostern folgende Zeilen an Isabella:

»Florenz, Karwoche, im Jahr des Herrn 1500
Hochverehrte, gnädigste Markgräfin!
In dieser Karwoche traf ich Meister Leonardo hier in Florenz im Beisein seines Schülers Salaj und habe ihm zum wiederholten Male Euren Wunsch übermittelt, ein Porträt von Ihnen anzufertigen. Auf die Bemerkung hin, dass er sich ja noch bestens an Ihr Gesicht aus der Zeit in Mantua erinnern sollte, brummelte er etwas darüber, dass er mit mathematischen Experimenten ausgelastet sei und den ›Pinsel nicht mehr ertragen könne‹ … Gleichzeitig fand ich große Bereitschaft, Ihnen zu entsprechen wegen der ›Freundlichkeiten, die Sie ihm in Mantua angedeihen ließen …‹
Wir sprachen ganz offen miteinander und gelangten zu folgendem Beschluss: Wenn er sich von seinen Verpflichtungen gegenüber Seiner Majestät dem König von Frankreich freimachen könne, ohne in Ungnade zu fallen, was er in längstens einem Monat zu schaffen hofft, werde er Euch früher zu Diensten sein als irgendjemand sonst auf der Welt. Er wird dann sogleich mit dem Porträt beginnen. Ich überreichte ihm zur Ermunterung dafür zwei Geschenke.
Das ist alles was ich Ihnen heute berichten kann und was ich bei ihm erreichen konnte. Gestern habe ich Sie und Maestro Leonardo in meiner Predigt erwähnt. Gebe Gott, dass das mehr Früchte trägt als wir Zuhörer hatten. Ihr tiefst ergebener Fra Pietro«.

Isabelle war nach Erhalt dieses Schreibens derart erbost, dass sie kurz darauf in die Offensive ging.

Sie schickte einen persönlichen Brief an Leonardo, den er zerlumpt und zerknittert aus seinem Beutel holte. Trotz all ihrer Demütigung und Erfolglosigkeit endete der Brief aber in einem völlig anderen Stil:

>»Liebster Leonardo, die Unschuld ist verschwunden. Du hattest mein Porträt doch schon während unserer Zeit in Mantua begonnen. Vielleicht kannst du es noch aus der Erinnerung fertigstellen. Ich werde dich großzügig dafür belohnen. Deine Isabella«

Überbringer war ein gewisser Manfredo de Manfredi.

Die Antwort war niederschmetternd. Man muss Mitleid für diesen Manfredo aufbringen, der zwischen Isabellas unbeirrbarer Erwerbslust und Leonardos hartnäckigem Widerwillen gefangen war.

Leonardo weigerte sich, nach den Pfeifen seiner Mäzene zu tanzen. Er hatte es nicht nötig. Wir wohnten ja recht komfortabel in der Annunziata, die Serviten sorgten für unseren Unterhalt und die Schatulle war gut gefüllt.

10. Maturina

Mein Vater verließ Florenz 1482 mit einer Delegation im Alter von 30 Jahren in Richtung Mailand. Dort herrschten die Sforzas über Mailand und die Lombardei, die eng mit den Medici kooperierten.

Die illustre Florentiner Reisegruppe setzte sich aus den Signori Giovanni di Bernardo Ruccolai, Bankier und Kunstmäzen, San Miniato, Bauherr aus Pisa, Tommaso di Giovanni Masini da Peretola, Alchimist, Mechaniker und Farbenmischer sowie Atalante Migliorotti, Musiker, Opernsänger und Instrumentenbauer, zusammen.

Bevor sie sich auf den Weg machten, stritten sie noch über die Entfernung zwischen Florenz und Mailand und der voraussichtlichen Reisedauer.

Die Schätzungen reichten von 100 miglia bis 600 miglia.

Wie sich am Schluss herausstellte, hatte mein Vater die Strecke mit 180 miglia fast exakt berechnet: Er addierte die täglich zurückzulegende Wegstrecke und multiplizierte sie mit dem Schrittmaß der Postpferde.

Die Route verlief nördlich durch die Apenninen nach Bologna und dann quer über die unteren Ausläufe der Poebene zur Kleinstadt Modena, die zur Grafschaft Este gehörte.

Dort kam es zu einer weiteren Auseinandersetzung mit der Torwache, die für den Einlass in die Stadt fünf Soldi verlangte. Signore Miniato wetterte, dass eine Prostituierte in seiner Heimatstadt Pisa für eine ganze Nacht um zehn Soldi zu haben sei. Und der Wein war obendrein gratis. Und hier, in diesem heruntergekommenen »Rattenloch« –s o sein überlieferter Jargon – verlange man einen derart unverschämten Preis, nur um in die Stadt zu gelangen.

Die Torwache allerdings erkannte sofort, dass die Gruppe aus Florenz wohlhabende Bürger waren und kassierte unerbittlich. Und gleichzeitig wiesen sie die lokalen Prostituierten an, mit sofortiger Wirkung ihren Preis zu verdoppeln.

Als die Florentiner am 23. Februar 1482, einem Donnerstag, in Mailand ankamen, fanden sie sich mitten im »Ambrosianischen Karneval«, einem Fest, das den vor der Fastenzeit gefeierten Karneval mit dem Festtag des heiligen Ambrosius, dem Schutzpatron der Stadt, eben an diesem 23. Februar verbindet.

Mein Vater, der sich als Musiker bei Ludovico Sforza vorgestellt hatte, wurde zum Lautenspielen gebeten, was er in großartiger Manier und mit Bravour meisterte, sodass der Herzog »großes Vergnügen« empfand und ihn ehrenvoll zu sich berief.

Und so betrat mein Vater – quasi als Unterhalter – die Welt des Ludovico Sforza, genannt Il Moro, und den Hof in Mailand.

Gewiss, Ludovico war skrupellos, ehrgeizig und habsüchtig, aber er war auch – meinem Vater nicht unähnlich – von großer Intelligenz und Pragmatismus.

Und er hatte eine – versteckte – Leidenschaft für die Anatomie. Und ein ausgeprägtes Selbstbewusstsein. Mein Vater schrieb für ihn ein Propagandalied, das mit den Worten »es gibt nur einen gott im himmel und auf erden nur einen moro« begann.

Das wurde ihm zwar als Anbiederung schwer angekreidet, half aber schlussendlich der ganzen Delegation. Mein Vater, weit weg von seinem florentinischen Malerimage, entpuppte sich nun als Kriegsingenieur, der seinem Herrn und Gönner eine Unzahl von Kriegsgeräten zeichnete, entwarf und auch teilweise baute: gepanzerte Wagen anstelle von Elefanten, bewegliche Kanonen, Tunnelbohrmaschinen, mobile Brücken und mehr.

Er selbst allerdings sah sich weder als Maler noch als Künstler, sondern als einfallsreicher Organisator von Hofzeremonien und Festivitäten. Er entwarf Bühnenbilder, Kostüme für die Hochzeit von Gian Galeazzo mit Isabella von Aragon.

Auch in städtebaulichen Angelegenheiten veränderte er Mailand mit seinen genialen Ideen wie einem neuen Abwasserkanal und der Einführung einer Müllbeseitigung.

Geheim und ohne großes Aufsehen, aber trotzdem intensiv, verbesserte er seine anatomischen Studien und machte bald darauf eine sensationelle Entdeckung: Er hatte jahrelang nach dem von Aristoteles postulierten *sensus communis* geforscht, in antiken Aufzeichnungen gegraben und war am Ende doch enttäuscht über das Ergebnis.

Und plötzlich, wie ein Blitz aus heiterem Himmel, lag es vor ihm:

Das Ergebnis vom »Sitz der Seele«!

Mein Vater, bis dahin ruhig, gelassen und bestens gelaunt, kam bei seiner Erzählung über diese sensationelle Entdeckung immer mehr in Fahrt.

Er sprang vom Sessel, lief in der Stube auf und ab, konnte seine Stimme kaum mehr kontrollieren und seine Gedanken waren schneller als er sprechen konnte.

Maturina und ich waren verblüfft.

So kannten wir ihn gar nicht. Auch wagten wir nicht ihn zu unterbrechen, zumal er gerade dabei war, uns ganz offensichtlich eine wissenschaftliche Sensation mitzuteilen.

Allmählich beruhigten sich seine Emotionen und der kühl kalkulierende Leonardo kehrte auf die wissenschaftliche Basis zurück.

Was war passiert?

Welche anatomische Dramatik und Detailfülle hatte sich da vor ihm aufgetan?

Kurz darauf skizzierte er Maturina und mir das Geheimnis.

Er war auf der Suche nach dem »Sammelpunkt aller Sinne«, also dem Sitz von Verstand, Vernunft, Fantasie und vor allem der Seele.

Sein Hauptinteresse aber war nicht wissenschaftlicher, sondern metaphysischer Natur.

Er war felsenfest davon überzeugt, dass nur das Wissen um die »fünf Sinne« der Schlüssel für die Strahlkraft seiner bisherigen und zukünftigen Werke sein würde.

Er sezierte einen menschlichen Schädel. Zeichnete acht verschiedene Studien – Profile, Querschnitte und Ansichten. Er studierte die Blutgefäße des Gesichts, das Verhältnis zwischen Augenhöhle und Oberkiefer und vor allem untersuchte er die drei Hirnschalen und die interkranialen Nerven. Er versah die Skizzen mit feinsten Hilfslinien – und nach einiger Zeit der stummen Betrachtung erschien ein bisher in der Medizin einmaliges, ja gottesähnliches Ergebnis vor seinen Augen:

»wo die Linie *a m* die Linie *c b* schneidet, befindet sich der *Sitz der Seele.*«

Damit war eine aus der Antike überlieferte Theorie, dass Gefühle und Sinne eines Menschen im Körper verteilt sind, eindeutig widerlegt: Sie befinden sich an einem zentralen Ort in der dritten Gehirnschale. Im »Zentralsitz« befindet sich der Sitz der Seele ...

Da Leonardo aber nicht spekulierte, sondern forschte, gingen seine Gedanken sofort um mehrere Etappen weiter.

Er starrte gebannt in Winkel und Höhlen des Schädels, seine Augen brannten und es beschlichen ihn »Furcht und Begierde«.

Furcht vor der düster drohenden Schädelhöhle und der Begierde weiter zu forschen, ob dort drinnen etwas Wunderbares sei ...

Sein Drang nach einem möglichst umfassenden Verständnis, der fast schon ein Hindernis für die Forschung wurde: Muss jetzt alles neu definiert und bestimmt werden? Eine ungeheuerliche Vielfalt an Fragen, die bald blankem Entsetzen Platz machten, jagten durch seinen Kopf:

Welcher Nerv ist die Ursache für die Bewegung der Augen?

Warum schließt und öffnet man die Augen?

Wie funktioniert das Weinen und Lachen?

Wie das Niesen, Gähnen, Zittern, die Müdigkeit, Hunger, Schlaf, Durst?

Er, der Künstler, Anatom, Schöpfer von malerischen Kunstwerken und Baumeister Leonardo da Vinci war nicht imstande, seine eigene Offenbarung wahrzunehmen und zu verstehen.

Aber wozu brauchte er das Ganze? Wozu dieses Wissen, das ja nun wirklich nicht als Allgemeinbildung zu werten war.

Wir sollten es in Kürze erfahren ...

II. Luca Pacioli

In Mailand machte mein Vater eine weitere, für seine spätere Arbeit äußerst wichtige doch dubiose Bekanntschaft: Er traf den um sieben Jahre älteren Mathematiker Luca Pacioli. Dieser hatte Professuren für Mathematik in Perugia, Rom, Neapel, Pisa und Venedig, bevor es ihn aus unbekannten aber vermutlich zweifelhaften Gründen, nach Mailand verschlug.

Dort begann er meinen Vater zunächst in die mathematische Trickkiste der Quadratur des Kreises und des Schachspiels einzuweihen.

In weiterer Folge entwickelten die beiden eine faszinierende Perfektion von Zaubertricks unter Ausnutzung ihrer überlegenen Intelligenz sowie naturwissenschaftlicher Kenntnisse, die sie mit Sicherheit an den Rand der Kriminalität und drohenden Gefängnismauern brachte.

Taschenspielereien, Bühnenmagie, Großillusionen, Zauberei mit Musikuntermalung und eine atemberaubende Mentalmagie unter Verwertung und Imitation parapsychologischer Phänomene.

Mein Vater und Luca Pacioli betrieben in großem Format Betrügereien, prellten Adelige am Hofe Sforzas und einfache Bürger von Mailand um deren Vermögen oder bitter Erspartes und kamen so zu nicht unbeträchtlichem Vermögen.

Diesen Besitz verbarg mein Vater allerdings nicht in seiner Werkstatt, sondern an seinem neuen Arbeitsplatz im Dominikanerkloster Santa Maria delle Grazie, das sich zwischen dem Corso Magenta und der Via Caradosso befand.

Und genau dort begann, gemeinsam mit dem Baumeister Donato Bramante und dem Prior Eustorgio, ein neuer, geheimnisumwitterter Abschnitt im Leben meines Vaters.

12. Domingo Guzman

Die Dominikaner wurden vor etwas weniger als 200 Jahren, nämlich im frühen 13. Jahrhundert, vom Kanonikus Domingo de Guzman aus Caleruega, genannt Dominikus, nahe dem Jakobsweg bei Santiago de Compostela in Westspanien, als sogenannter Bettelorden gegründet.

Und damit begann ein düsteres, bedrückendes Kapitel der Kirchengeschichte, dem auch mein Vater einiges abgewinnen konnte.

Die Dominikaner waren nicht nur in die Inquisition verstrickt, sondern unterstützten diese auch aktiv.

Menschenverachtende Praktiken wie Folter, Hexenverfolgung, Verstümmelung und Tötungen waren auf der Tagesordnung im Kampf gegen sogenannte »Häretiker«, wobei Dominikus oft selbst an der Spitze des Prozesses als Inquisitor stand.

Der Orden verbreitete sich rasend schnell und schwappte in weiterer Folge auch nach Italien über. Und so entstand ab 1463 auf Ansuchen der Gläubigen in Pavia ein zweites Dominikanerkloster in Mailand: die Basilika Santa Maria delle Grazie. Der Bauauftrag wurde von Ludovico il Moro an den berühmten Baumeister Donato di Pascuccio d'Antonio, genannt Bramante, erteilt. Prior des Dominikanerklosterns wurde der schon vorhin erwähnte Eustorgio.

Eustorgio, nach außen hin ein lammfrommer Ordensbruder, der sich nach seinem berühmten Namensvetter Eustorgio, dem neunten Bischof von Mailand, nannte.

Dessen Berühmtheit wurde darauf zurückgeführt, dass er die Gebeine der Heiligen Drei Könige aus dem Morgenland, ein Geschenk eines Sohnes Konstantins, in einem Karren nach Mailand brachte.

Aber hinter der frommen Fassade versteckte sich ein zynischer, machtbesessener und grausamer Kirchenvater, den sich mein Vater insofern zu Nutzen machte, als er durch ihn Delinquenten, die den Tod erfuhren, ihm, Leonardo dem Anatom, sozusagen als »Studienobjekte« überlassen wurden.

13. Pietro Alamanni

Am Montag, den 22. Juli 1489, schickte der Florentiner Botschafter in Mailand, Pietro Alamanni, seinen regelmäßigen Bericht an Lorenzo de Medici in Florenz. In diesem Schreiben hieß es unter anderem:

»Fürst Ludovico plant die Errichtung eines würdigen Denkmals für seinen Vater. Ein überdimensionales Bronzepferd, auf dem Herzog Francesco in voller Rüstung reitet. Da seine Exzellenz an etwas Wunderbares denkt, wie man es noch niemals gesehen hat, hat er den Auftrag an Leonardo da Vinci erteilt. Ich bin mir aber nicht sicher, ob dieser die Arbeit zu einem erfolgreichen Ende führen kann … Herr da Vinci hat sich – unbestätigten Gerüchten zufolge – bei Ludovico unter fadenscheinigen, fast schon kriminellen Vorzeichen als Skulpteur vorgestellt, was dieser ohne Überprüfung akzeptiert hat. Auch scheint mir das Vorgehen dieses sogenannten Künstlers eher fragwürdig«

Mein Vater hatte keine Kenntnis von diesem, für ihn nicht sonderlich schmeichelhaften Schreiben, schien aber trotzdem am Hof endgültig Fuß gefasst zu haben.

Wie der Botschafter – nicht zu Unrecht – befürchtet hatte, hatte mein Vater tatsächlich keine Ahnung, wie er die Aufgabe, ein derart großes Denkmal für den Herzog bewältigen sollte.

Aber Ludovico vertraute ihm und ließ durch seinen Schatzmeister Marchesino Stanga 103 Lire als Anzahlung überweisen und stellte Quartier und ein riesiges Atelier in der Core Vecchia, dem ehemaligen Palazzo der Familie Visconti, zur Verfügung.

Zum Wohnen blieb aber nicht viel Platz, da das Tonmodell der riesigen Reiterstatue den größten Teil des Wohnzimmers in Beschlag nahm.

Trotzdem blieb seine große Leidenschaft die Anatomie – auch in Mailand

Insgeheim nannte er sich selbst »Leichenplünderer«. Der Grund war ebenso einfach wie genial: Wollte er ausdrucksvolle Gemälde malen, die auch noch Jahrhunderte später von der Welt bewundert werden sollten, so musste er sich ganz speziellen Studien hingeben: der Mimik oder Gesichtsmuskulatur.

Dutzende Manuskripte, die er verfasste die aber unbedingt geheim bleiben mussten, schrieb er in der sogenannten *Spiegelschrift*.

Für weniger Sprach- und Schreibkundige eine Art Geheimschrift, die ihn so vor der Verfolgung durch die florentinischen Behörden und dem Klerus schützen sollte.

Mein Vater machte sich mit fast unbändiger Begeisterung an die Zergliederung von Leichen, vorwiegend die von Verbrechern, wobei er sich weder durch den schrecklichen Anblick »dieser aufgeschlitzten und zerfetzten Leichname« während der nächtlichen Sektion bei Kerzenlicht noch durch die erhebliche Infektionsgefahr abschrecken ließ.

Was als Malstudie begann, entpuppte sich als anatomische Darstellung des menschlichen Körpers von unglaublich plastischer Eindringlichkeit und wissenschaftlicher Exaktheit.

Mittlerweile bekam mein Vater den Auftrag von Ludovico Sforza, an der Nordseite des Refektoriums im Dominikanerkloster Santa Maria delle Grazie, ein Gemälde der *Anbetung der Könige* zu malen.

Aber wie so üblich, wurde daraus etwas ganz anderes.

Und dann begann er von den Arbeiten an einem Werk zu erzählen, was in seiner Einzigartigkeit spannend anmutete und zugleich einem den Schauer über den Rücken jagte: das schon zu Lebzeiten berühmteste Wandgemälde vom Letzten Abendmahl Jesus mit seinen zwölf Aposteln.

14. Il Cenacolo

Am 2. März 1498, einem Mittwoch, lösten Regenschauer und Sturmböen in der lombardischen Ebene sich einander ab. In Mailand hatte es minus zwei Grad, obwohl es um diese Jahreszeit schon frühlingshaft warm bei plus 15 Grad sein sollte.

Aber Vater interessierte das Wetter nur nebenbei. Er hatte 70 Tonnen Bronze bei seinem Gönner und Arbeitgeber *Il Moro*, Ludovico Maria Sforza, in Mailand für die Statue, das Reiterstandbild Francesco Sforzas, dem Vater von Ludovico, bestellt – und auch bekommen.

Leonardo, bisher nur zweimal als Skulpteur tätig, nahm sich als Vorbild das Standbild von Oldrado da Tresseno am Palazzo della Ragione in Mailand. Aber Vater wollte ein Kolossalmonument für seiner Gönner: ein *Cavallo di Leonardo*, wie er es selbst nannte.

Aber dazu kam es nicht. Die Vorausahnungen des Botschafters Pietro Alemanni erfüllten sich ziemlich exakt nach dessen Einschätzung: Mein Vater war praktisch nicht imstande, eine dermaßen komplexe Skulptur zu schaffen.

Vater gab auf. Das Reiterstandbild sollte niemals fertiggestellt werden.

Er war nicht wirklich unglücklich darüber …

Irgendwann stellte er die Arbeiten ein und widmete sich einer neuen, weil weitaus spannenderen Aufgabe.

Die Kirche Santa Maria delle Grazie lag jenseits der alten Porta Vercellina westlich des Schlosses. Seit einigen Jahren plante man umfangreiche Umbauarbeiten.

An der Nordwand des Refektoriums war ein Gerüst aufgestellt worden.

Matteo Bandello, Novize im Dominikanerkloster, dessen Onkel Vicenzo der Prior des Klosters war, kletterte täglich auf dem Gerüst auf und ab – bis er eines Tages meinen Vater dort auftauchen sah, der soeben begonnen hatte, an einem gewaltigen, großflächigen Gemälde die ersten Pinselstriche anzubringen.

Das Gerüst bot Matteo ein perfektes Versteck, aus dem er unbemerkt zusehen konnte, was mein Vater tat – oder auch nicht tat.

Er war auch, in gewisser Weise, ein Spion, zumal er dem Prior genaue Berichte über den schleppenden Fortschritt übermittelte, was im Laufe der Zeit ein echtes Problem darstellte. Aber darüber später.

So teilte er seinem Onkel mit, dass Leonardo oft im Morgengrauen kam und bis zum Sonnenuntergang den Pinsel nicht in die Hand nahm. Eigenartig.

Dann wieder vergaß er das Essen und Trinken und arbeitete ohne Unterbrechung.

Was Matteo naturgemäß nicht wissen konnte, war der Grund für Vaters unregelmäßige Arbeitsweise: das vom Herzog in Auftrag gegebene Gemälde, das *Letzte Abendmahl*, *Il Cenacolo*, beschäftigte ihn insofern, als er beim Studium des Alten und Neuen Testaments auf einige grobe Unregelmäßigkeiten gestoßen war.

Und darüber führte er minutiös Buch. Zwei Komponenten waren für das Gelingen des Gemäldes für meinen Vater ausschlaggebend und entscheidend:

Erstens seine – wissentlich illegal erworbenen – Kenntnisse, die er sich beim Sezieren von Leichen angeeignet hatte: nämlich sein präzises Studium von Gestik und Mimik.

Er hatte über 100 unterschiedlichste Gesichtsausdrücke analysiert und ins kleinste Detail dokumentiert.

Er wusste genauestens darüber Bescheid, in welcher Lebenssituation jemand mit den Zähnen knirscht, die Augen rollt oder verdreht.

Vor allem aber waren es das Wissen und seine Erfahrung des Zusammenspiels von Physiognomie, Gefühlszuständen sowie der nonverbalen- und gebärden-unterstützter Kommunikation.

Dieses Wissen half ihm bei der Darstellung jedes einzelnen Apostels und Jesu Christi. Alle hatten ihren persönlichen Charakter im Kontext dieses historischen Abendessens.

 Egal ob es sich um Bartholomäus, Jakob, Andreas, Petrus, Johannes, Thomas, Jakobus, Philipp, Matthäus, Thaddäus oder Simon handelte.

Besonders schwierig gestaltete sich die Ansicht des Judas und natürlich Jesu Christi selbst.

Galt es doch hier bei der Vorbereitung und Deutung des Gemäldes eher mehr dem optischen Element und einzelner Fragmente wie zum Beispiel das Entsetzen bei Judas Iskariot, als Jesus während des Abendmahls sagte: »Wahrlich, ich sage euch: einer unter euch wird mich verraten ...«

»Herr, werde es ich sein?«, fragte Judas. Jesus aber antwortete: »Der mit der Hand mit mir in die Schüssel taucht, wird mich verraten.«

»Bin ich's?«, fragte Judas nochmals. »Du sagst es«, war diesmal die knappe Antwort Jesu. Und zu Petrus gewandt: »Ehe der Hahn kräht wirst Du mich dreimal verleugnet haben.«

Und diese Schrecksekunden, die sich in den Gesichtern von Judas und Petrus widerspiegelten, wollte mein Vater auf jeden Fall im Gemälde sichtbar machen ...

Das zweite Hauptelement war das theologische Studium, das nunmehr für meinen Vater unumgänglich geworden war. Als bekennender Atheist hatte er wenig bis keine Ahnung von biblischen Geschehnissen. Aber die Mönche im Kloster waren gebildete Dominikanerbrüder und hatten sich sofort bereit erklärt, meinen Vater in die Geheimnisse der Bedeutung des christlichen Abendmahls einzuführen.

Und erst danach formte sich in seiner Vorstellung der Geist des Gemäldes, welches ihn nicht nur faszinierte, sondern auch mental überwältigte.

Und just mein Vater, der sich bisher eher als Agnostiker sah, wurde nunmehr in den Bann von widersprüchlichsten, komplexen und gerade deshalb in höchstem Maße faszinierenden Weltreligionen gezogen ...

Ein weiterer, essentieller Faktor war das »Wo«.

Wo hat dieses *Letzte Abendmahl* tatsächlich stattgefunden? Wo eigentlich?

Die Antwort auf diese Frage versuchte Leonardo bei den Evangelisten und ihren Schriften zu finden.

Matthäus wusste es nicht.

Markus und Lukas aber »führten« meinen Vater direkt zum Berg Zion, der sich unterhalb der südwestlichen Altstadt von Jerusalem befindet.

Jesus beauftrage Petrus und Johannes mit der Vorbereitung des Mahles.

»Geht zum Tor 12. Dort werdet ihr einen Mann mit einem Wasserkrug antreffen. Folgt ihm. Teilt ihm mit, dass der Meister die Zeit kommen sieht und er mit seinen Jüngern das Passamahl feiern will. Er wird euch zu einem Haus bringen und im Obergeschoß ein großes Zimmer zeigen. Das sollt ihr für unser Abendmahl vorbereiten ...«

Durch Zufall entdeckte mein Vater unter den Massen von Papier ein vergilbtes, teilweise zerrissenes Pergament, auf das die Beschreibung Jesu passte. Ein Haus, wie geschildert mit einem Gewölbe und Rippenbögen und jener Anordnung von Fenstern, die ihn zum logischen Schlusssatz kommen ließ: Das muss der Raum gewesen sein ...

Eine der schillerndsten Persönlichkeiten des Christentums war Saulus, später Paulus genannt. Er galt als der wahre Begründer und Verbreiter des Christentums.

Über seine historische Existenz gibt es keine Zweifel.

Paulus, hochgebildet und im Gegensatz zu den galiläischen, rhetorisch nur mäßig begabten und intellektuell bescheidenen Uraposteln der Jesusgemeinschaft, war ein blendender Rhetoriker und Theologe. Und ein noch besserer Vermarkter Christi und seiner Philosophie. Dies ergibt sich aus den Fakten, dass er – und nur er – noch zu Lebzeiten die Menschenmassen erreichte und zum Christentum bekehren konnte.

Er, ein Jude aus der Diaspora, gründete das eigentliche, weltumfassende Christentum!

Und das, obwohl Paulus und Jesus sich niemals begegnet sind ...

Über sein Leben und Wirken ist viel bekannt. Zumal Paulus auch ein hervorragender Selbstvermarkter war. Zunächst hatte er in seiner Heimatstadt Tarsos den Beruf des Sattlers gelernt. Später studierte er Theologie in Jerusalem und die Lehren Gamaliëls, beim wahrscheinlich bedeutendsten Rechtsgelehrten dieser Zeit.

Was meinen Vater aber störte und missfiel, war, dass Lukas in seinem Evangelium und seiner Apostelgeschichte in keinem Wort auf die hochintelligenten Briefe Paulus' einging.

Immerhin hatte Paulus dreizehn paulinische und pastorale Briefe hinterlassen. Allerdings »echte« und »unechte«. Mein Vater listete und studierte diese dreizehn Schriften akribisch und kam zu dem Schluss, dass weitere Nachlässe, für die Paulus eine Autorenschaft anmeldete, von Schülern, Freunden und engen Mitarbeitern stammten, die mit dem Pseudonym »Paulus« ihren Botschaften ein höheres Gewicht verleihen wollten.

Trotzdem: Quervergleiche mit den Evangelien erlaubten meinem Vater historische, kirchengeschichtliche und biografische Rückschlüsse: Sie waren das einzige Argument für die Existenz eines Mannes namens Jesus Christus, der Gekreuzigte und Auferstandene. Es gab ihn wirklich …

Meinem Vater Leonardo fielen auch einige gravierende, logische Widersprüche in der Literatur des Alten und Neuen Testaments auf.

Das sogenannte »Damaskus-Erlebnis«.

In der Tat war Saulus in Damaskus, als der Bann Gottes ihn traf:

»er wütete gegen die Jünger des Herrn und dann geschah es; er stürzte zu Boden, und ein Licht vom Himmel umstrahlte ihn. Und eine Stimme sagte: Saul, Saul, warum verfolgst du mich? Er antwortete: Wer bis du Herr? Dieser sagte: Ich bin Jesus, den du verfolgst. Steh auf und geh in die Stadt, dort wird dir gesagt werden, was du tun sollst.«

Drei Tage war Saulus blind und aß und trank nicht. Dann war Saulus bekehrt.

Aber der Widerspruch: Lukas unterlief entweder ein geografischer Fehler oder es war seiner Erzählkunst zuzuschreiben: Saulus konnte in Damaskus gar nicht auf Christenjagd gewesen sein, zumal Damaskus so weit von Jerusalem lag, dass damals sich noch gar keine Jesusanhänger dort befunden haben können …

Auch erstreckte sich die römische Besatzungsgewalt gar nicht bis Damaskus.

Im Umkehrschluss: Hätte sich diese wichtige Episode tatsächlich so zugetragen, wie Lukas sie beschreibt, so müsste sie sich in einer der Paulusschreiben wiederfinden … Auf ein Schlüsselerlebnis dieser Art hätte der eitle Paulus sicher nicht verzichtet.

Tatsächlich findet sich in keinem Schriftstück von Paulus auch nur ein Wort darüber …

Trotzdem wird es als eindrucksvollstes Ereignis des Christentums betrachtet.

So begann mein Vater nicht nur zu grübeln, sondern vertiefte sich mehr und mehr in die Glaubwürdigkeit des Alten und Neuen Testamentes, um noch mehr Ungereimtheiten aufzudecken.

In dem äußerst dürftigen Jesusbild von Paulus scheint die Szene zum Abendmahl, das mein Vater als Auftrag im Refektorium der Kirche

Santa Maria delle Salute malen sollte, doch einen entscheidenden Stellenwert zu haben.

In den Schriften von Paulus findet Leonardo folgendes:

»Denn ich habe vom Herrn empfangen, was ich euch dann überliefert habe: Jesus, der Herr, nahm in der Nacht, in der er ausgeliefert wurde, Brot, sprach das Dankgebet, brach das Brot und sagte: das ist mein Leib für euch. Tut dies zu meinem Gedächtnis. Ebenso nahm er nach dem Mahl den Kelch und sprach: dieser Kelch ist der Neue Bund in meinem Blut. Tut dies, sooft ihr daraus trinkt, zu meinem Gedächtnis.«

Die komplette Passionsgeschichte – Höhepunkt der Evangelien und auslösendes Moment für das »Lamm Gottes«, das hinwegnimmt die Sünden der Welt – genau das lässt Paulus nach Meinung meines Vaters total unter den Tisch fallen.

Aber vielleicht gehört das schon zum Kapitel »erlaubte Lüge« – wenn nur die Lüge fromm genug ist.

Auch mit dem Wort »Amen« kann mein Vater nichts anfangen. Sollte es gemalter Teil des Wandgemäldes werden?

»Er ist das Ja zu allem, was Gott verheißen hat. Darum rufen wir durch ihn zu Gottes Lobpreis auch das Amen«

Ausgerechnet Paulus ist es, der dieses »Amen« nennt. Amen: ein Wort, das durch die gesamten heiligen Schriften geistert. Und doch in vielen Sprachen unübersetzbar bleibt: Das aus dem Aramäischen stammente Wort ist im Griechischen, Lateinischen und auch im Italienischen gleich. Wie kann man es auf ein Gemälde transferieren?

Er ließ es bleiben ...

Was aber meinen Vater sehr wohl bewegte: Welchen Charakter hatte Jesus? Wie sollte er ihn zeichnen, malen?

Jesus sieht man niemals lachen, zeigt keinerlei Gefühle; ja selbst am Abend des letzten Mahls verzieht er keine Miene, obschon ihm der nahe Tod vor Augen ist.

War er schwul und in Johannes verliebt? Oder doch nicht und mit Maria aus Magdala verheiratet ?

Es gibt in keinem der vier Evangelien konkreten oder historischen Aufschluss.

Obwohl Leonardo mehr und mehr an der christlichen Theorie zu zweifeln begann, vertiefte er sich in die Materie, um Aufschluss über viele Ungereimtheiten zu finden, die sich schlussendlich im Gemälde widerspiegeln sollten.

Ein weiteres Beispiel, das ihm Kopfzerbrechen bereitete: Warum lügt Matthäus so unverfroren oder ist es Unwissenheit?

»Sehet, die Jungfrau wird ein Kind empfangen, sie wird einen Sohn gebären, und sie wird ihm den Namen Jesus geben«

Ob ihm bei der Auslegung des Alten Testaments ein Irrtum passierte oder ob er die Fehlinterpretation bewusst in Kauf nahm?

Denn: Was Matthäus den Lesern des Neuen Testamentes freilich verschweigt, sind die Umstände, dass dieser Ausspruch nicht einem neuzeitlichen Propheten, sondern Jesaja zuzuschreiben ist, der mitteilte, dass König Ahas und seine Gattin einen Erben – den späteren König Hiskia – haben werden.

Aber das ereignete sich sieben Jahrhunderte vor Christus!

Markus wiederum, der älteste aller Evangelienautoren, kannte diese Stelle aus dem Alten Testament überhaupt nicht – folglich ist bei ihm auch keine Jungfrauengeburt Marias zu finden …

Lukas wiederum, der das Matthäusevangelium kannte, ließ sich diesen Gedanken natürlich nicht entgehen und legte einen Grad nach: Er brachte den Heiligen Geist ins Spiel.

In den Paulusbriefen fehlt diese gesamte Legende gänzlich. Der Grund: Paulus mochte keine Frauen.

Noch etwas entdeckte mein Vater: die kolportierte Genealogie Jesu, die so nicht stimmen konnte und daher einfach falsch erschien.

In der Vorgeschichte zum Matthäusevangelium *Der Stammbaum Jesu* lokalisierte mein Vater ein komplett falsches und unlogisches Ideenfeuerwerk, das da gezündet wurde.

Die mystische Zahl 14.

Die Kryptik basiert darauf, dass – wie bei allen Sprachen der Antike – auch im Aramäischen und Hebräischen jeder Konsonant einem Zahlenwert gleichkommt.

D entspricht der Zahl vier, das V der sechs. Rechnet man nun die Konsonanten von DAVID zusammen, also vier plus sechs plus vier, so ergibt das 14.

Wozu eigentlich? Matthäus wollte sozusagen eine geheimnisvolle

Zahlenverbindung herstellen, um zu beweisen, dass Jesus von David abstamme.

Er beginnt bei Abraham und endet bei Jesus. Sicherheitshalber – so fiel meinem Vater auf – ließ er einige Generationen praktisch unter den Tisch fallen, um auf die 14 zu kommen. Vor allem passt die Ahnenlinie nicht mit dem Alten Testament zusammen.

Diese wahrhaft geniale Lösung des Genealogieproblems übertrumpft die peinliche Frage: Warum sollte ausgerechnet der Sohn eines kleinen Handwerkers der langersehnte »Erlöser« sein? Kann ein ärmlicher Galiläer denn überhaupt zum Stammvater der bedeutendsten Weltreligion avancieren?

Die Antwort gibt Matthäus: »Ja, er kann, denn er stammt ja von David ab.«

Mein Vater war verblüfft? Was sagen denn die anderen Evangelisten dazu? Wie konnte er so eine wichtige und komplizierte Aufgabe wie das *Letzte Abendmahl* malen, wenn er nur auf Rätsel und Widersprüchlichkeiten stößt?

Auch Lukas führt Jesus auf David zurück. Nur stark verkürzt und in umgekehrter Reihenfolge. Er beginnt mit Jesus und endet bei David …

Noch mehr: Er geht sogar bis Adam zurück und damit gleich bis in die Schöpfungsgeschichte.

Und in weiterer Folge fiel Leonardo auf, dass die beiden anderen, Markus und Johannes, auf dieses Thema überhaupt keinen Wert legten.

Mein Vater forschte weiter: Waren Maria und Josef tatsächlich die Eltern Jesu?

Eine hundertprozentige Antwort fand er auch da nicht:

Markus erwähnt Maria, aber Josef mit keinem Wort.

Matthäus kennt beide: Maria und Josef.

Lukas ebenfalls.

Johannes kennt Maria nicht aber Josef.

Und Paulus, der von meinem Vater so hoch geschätzte Theologe, erwähnt weder Maria noch Josef.

Ursprünglich wollte Leonardo noch die Geburt Jesu erforschen. Auch dabei war die Verwirrung groß. So beschloss er, das Alte und Neue Testament nicht weiter dahingehend zu hinterfragen und wandte sich den zwölf Aposteln zu.

Denn das war ja seine eigentliche Aufgabe.

Wer eigentlich waren die Wichtigsten unter den Jüngern Jesu? Aus theologischer Sicht war es zweifellos Judas, genannt Iskariot, der am Gründonnerstag den Herrn verriet und seither der Buhmann der christlichen Gemeinde war.

Also nahm sich mein Vater vor, dieser Persönlichkeit größtmögliche Aufmerksamkeit zu schenken.

Aber auch Johannes und Simon Petrus, Lieblingsjünger von Jesus, mussten eine Sonderstellung bekommen.

Und so begann Leonardo, das Leben und das Verhältnis von Petrus zu Jesus nachzuforschen, um ihn dann am Gemälde so authentisch wie möglich darzustellen.

Er, der »Doyen der Zwölf«, hatte objektiv betrachtet eine bedeutende Stellung unter den Jüngern, obschon sein Leben ein paar düstere Punkte aufweist.

Simon Petrus war Fischer, seine Bildung gering.

Von den Gleichnissen, die Jesus dozierte, verstand er kaum eines. Und als sein Herr in die Arme der Häscher fiel, wurde er von Petrus glattwegs verleugnet.

Eigentlich war Petrus genau genommen ein Feigling ohne Zivilcourage und moralisches Rückgrat.

Und in der schwersten Stunde Jesu wurde er von Petrus und den anderen zehn Jüngern schlicht allein gelassen. Judas hatte sich zu diesem Zeitpunkt schon das Leben genommen.

Keiner hatte in der Not geholfen.

Und Markus berichtete, dass bei der Verhaftung Jesu einer das Schwert zog und einem Diener ein Ohr abhieb. Malchus, so hieß der Unglücksrabe, war somit einohrig auf der Strecke geblieben. Und Petrus? Der verschwand.

Mein Vater grübelte: Wie sollte er diese Person künstlerisch und maltechnisch in dem Abendmahlgemälde wiedergeben?

Posthum wurde der Fischer aus Galiläa mit den üppigsten Ehrungen überhäuft: Er wurde – gemeinsam mit dem von ihm wenig geschätzten Paulus – zum Lieblingsapostel der Christenheit ernannt. Und im fernen Rom stand die Vatikanische Basilika oder Templum Vaticanum kurz vor der Vollendung. Und wurde nach ihm benannt.

Trotzdem galt das Hauptinteresse meines Vaters noch immer Judas Iskariot.

Diese im Christentum wohl am meisten gehasste Figur stammte aus dem Dorf Kariot in Judäa. Spät aber voll Enthusiasmus stieß Judas zu den Jüngern Jesu, die ihn liebevoll und mit großer Freude aufnahmen.

Was meinen Vater dann allerdings stutzig machte, war, dass jeder der vier Evangelisten die Szene, den Ablauf des Verrats, anders schilderte.

Wie kann man so eine Figur malen, die in der Bibel derart widersprüchlich das zentrale Geschehen der Osterereignisse beeinflusst hat?

Oder war den Verfassern der Evangelien ein fataler, geschichtlicher Fehler unterlaufen? Hatte Jesus Judas als Werkzeug benutzt? Schlussendlich war er es, der nach der Verurteilung von Jesus zum Tode seinen Verrat einsah, dem Ältestenrat die 30 Silberlinge zurückgab und rief: »Ich habe gesündigt, ich habe euch einen unschuldigen Menschen ausgeliefert ...«

Und dann lief er vom Tempel weg und erhängte sich. Somit war der eigentliche Entlastungszeuge abhanden gekommen.

Irgendetwas stimmte da nicht.

Markus schrieb, dass die Hohenpriester die 30 Silberlinge im Nachhinein bezahlt haben.

Bei Matthäus bekam er den Judaslohn im Voraus.

Bei Lukas tauchten auf einmal Römer auf und bei Johannes war gar der Teufel mit im Spiel.

Auch der Verrat durch den Judaskuss entbehrt jeder logischen Grundlage: Wozu sollte Judas Jesus identifizieren? Jesus kam vor fünf Tagen auf einem Esel, von Tausenden umjubelt, in Siegerpose nach Jerusalem.

Danach hat er vor zahlreichen Zeugen im Tempel gelehrt und randaliert.

Jesus war allseits bekannt – eine Identifizierung durch Judas daher vollkommen unnötig.

Grundsätzlich waren diese Erkenntnisse nicht unbedingt für das Wandgemälde von Nöten –, aber so war Leonardo eben: Er musste alles genau und präzise studieren, bevor er seine Arbeit überhaupt aufnahm.

Und so begann er in seinem Stil mit der Arbeit.

Auf Grund der gebotenen Eile und der Größe der Wand – vier mal neun Meter Abstand – entschied sich mein Vater für die neue, sogenannte »Secco-Technik«, bei der im Gegensatz zur bisher angewandten Technik die Farbe nicht auf feuchtem Kalkputz, sondern auf die trockene Mauer aufgetragen wurde.

Das sollte sich aber im Laufe der Arbeiten als fataler Fehler erweisen.

Die perspektivische Tiefe gelang ihm aber äußerst korrekt, ja nahezu bahnbrechend.

Der Tisch und die Apostel sind an der vorderen Begrenzung des Raums angeordnet, in dem das Mahl stattfindet. Dahinter verengt sich der Raum und die dargestellten Personen scheinen in den Raum des Refektoriums zu blicken. Das Licht, welches die Szene ausleuchtet, kommt jedoch nicht aus dem dreiteiligen Fenster im Hintergrund, sondern schräg von links, wie das wirkliche Licht vom Fenster an der linken Wandseite einfällt.

Der berühmte Magister der Theologie, Scholastiker und Professor, der aus Lauingen an der Donau stammende Deutsche Albertus Magnus sowie sein berühmter Schüler, der italienische Theologe Thomas von Aquin, hatten es meinem Vater ebenfalls sehr angetan.

Beide waren Dominikaner und Vater verschlang ihre Theorien und glaubte den Werken und Schriften ihrer mittelalterlichen Scholastik und aristotelischen Philosophie.

Bis zu jenem Zeitpunkt, als er von Herzog Ludovico Sforza den Auftrag bekam, in der Nordwand des Refektoriums des Dominikanerklosters Maria delle Grazie eben dieses Wandgemälde über das letzte Abendmahl Jesu zu schaffen.

Zum wiederholten Mal wurde er beim Studium der Charaktere der Apostel und der Evangelien argwöhnisch.

Zunächst fiel ihm auf, dass zwei, nämlich Markus und Lukas, den zwölf Jüngern namentlich nicht angehörten.

Und dann die Tatsache, dass keiner der vier Evangelisten Zeitzeuge gewesen sein konnte, zumal die Theorie verbreitet wurde, dass die ersten drei Evangelien im Zeitraum 40–60 Jahre nach der Geburt Jesu und das letzte, das Johannesevangelium, überhaupt erst 100 Jahre später entstanden seien.

Und je mehr er jedes Evangelium studierte, umso größer wurden seine Zweifel an der Authentizität der Werke; zum Beispiel:

Dass das Wirken Jesu nicht allzu prägnant gewesen sein durfte und –

vor allem bei Matthäus – als »Spinner« abgetan wurde und vom Glanz eines »Messias« keine Spur zu finden ist. Auch die Eltern Jesu waren mit dem herumziehenden Sohn nicht sonderlich glücklich: Immerhin gab er das ehrbare Handwerk des Zimmermanns auf, um sich als Straßenprediger zu betätigen.

Weiter fiel meinem Vater auf, dass alle vier Evangelien in griechischer Sprache verfasst worden waren. Aber Jesus und seine Jünger sprachen ausschließlich Aramäisch. Griechisch sprachen im damaligen Palästina nur hochgebildete Personen, zu denen die meisten Apostel mit Sicherheit nicht zu zählen waren. Also alles eine ganz gewaltige Lüge über mehr als ein Jahrtausend?

»Es sei das Wort«, ließ Jesus verkünden, was Leonardo zur Auffassung veranlasste, dass Schreiben wohl nicht die Stärke von Jesus gewesen sein konnte. Und tatsächlich: Es gibt bis heute keine einzige Jesus-Schrift …

Oder der Jesus zugeschriebene Ausspruch: »Seht ihr diese großen Bauten? Kein Stein wird auf dem anderen bleiben, alles wird niedergerissen.«

Und diese Anspielung auf die Zerstörung Jerusalems fand erst 70 Jahre nach Christus statt.

Trotzdem finden sich im *Codex Vaticanus* überraschende Gleichnisse:

Im Jahre 383 befahl Papst Damasus seinem Sekretär, dem Gelehrten Hieronymus, eine lateinische Evangelienfassung unter Verwendung hebräischer Quellen zu redigieren und neu zu ordnen. Und diese Hieronymusübersetzung umfasste jene 27 Schriften des Neuen Testaments, die wir in dieser Zusammenstellung bis heute noch kennen.

Leonardo kam daher zu folgendem Schluss:

· Das Neue Testament wurde zwischen 50 und 100 Jahre nach Christus verfasst.
· Die wahren Autoren der vier Evangelien sind daher unbekannt.
· Die Evangelien beruhen weder auf Augen- noch Ohrenzeugenberichten von Menschen, die Jesus persönlich gesehen oder zugehört haben.
· Es gibt weder Schriften von Jesus noch sonst irgendwelche Aufzeichnungen vom ihm.

Unter diesen bizarr anmutenden Vorzeichen begann mein Vater damit, sich mit dem Thema des Letzten Abendmahls auseinanderzusetzen ...

Er vertiefte sich in die Eucharistie, unterzog jeden Apostel sowie Jesus einer genauen Analyse, »studierte« zunächst das Alte Testament, um sich anschließend in das Neue Testament »einzulesen«.

Er begann klassisch mit den fünf Büchern Mose: der Genesis, Exodus, Levitikus, Numeri und Deuteronomium.

Danach studierte er die 16 Bücher der Geschichte des Volks Gottes , um dann zu den Büchern der Lehrweisheit, den Psalmen, und schließlich zu den Büchern der Propheten zu gelangen.

Alles in allem ein gewaltiges Werk bestehend aus 46 Teilen.

Nach Monaten intensivster »Recherche«, folgte im darauffolgenden Winter das Neue Testament mit den vier Evangelien, der Apostelgeschichte, den neun Paulinischen Briefen, fünf Pastoralbriefen, sieben Katholischen Briefen und schlussendlich mit der Offenbarung des Johannes – also ebenfalls 27 Teile akribischer Arbeit.

Und immer unterstützt von dem soliden Wissen der im Kloster ansässigen Mönchen.

Und immer wieder nahm er sich besonders Petrus, dem Doyen der Apostel, einst galiläischer Fischer, an, der erster Bischof von Rom und danach der erste Papst gewesen sein soll. Historisch ist das nicht bewiesen, befand mein Vater.

Aber auch die anderen Charaktere der Apostel studierte er gewissenhaft. Vor allem die sogenannten »Apostel-Attribute« hatten sein Interesse geweckt.

Der Schlüssel von Petrus, das Schrägbalkenkreuz von Andreas, der Pilgerhut, die Muschel und das Schwert von Jakobus dem Älteren, den Kelch mit der Schlange von Johannes, das Winkelmaß von Thomas, das Messer von Bartholomäus und vor allem die Hellebarde und Keule von Thaddäus.

Auch versuchte er weibliche Protagonisten im Zusammenhang mit Jesus zu erforschen und stieß dabei relativ bald auf Maria Magdalena. Oder handelt es sich bei der Person zu seiner Rechten doch um Johannes, dem Jesus »mit außergewöhnlicher Liebe zugetan war«?

Zunächst aber fertigte Leonardo unzählige Skizzen an: Konzeptionen, konzentriert hingeworfene Entwürfe. Der Gral. Gral? Was war das nur? Und so entstand eine – in seiner Genialität nie fertiggestellte

Skizze, bei der es sich unbestreitbar um Jesus handelt, der mit dem Finger auf die fatale Schale zeigt.

Und dann listete Leonardo noch auf: »einer, der gerade trinken wollte, aber den Becher auf seinem Platz stehen ließ und den Kopf dem Erzählenden zuwandte; ein anderer der die Finger seiner Hand verschränkend und die Stirn runzelnd sich dem Nachbar zuwendet; ein anderer hebt die Schultern gegen die Ohren und öffnet den Mund vor Erstaunen«

In diese emotionale Mal- und Themendynamik fällt dann auch der erste Wutausbruch Leonardos: eine der seltenen Augenblicke, in dem er die Fassung verliert: am 8. Juni des Jahres 1496.

Er beschimpft den Prior, den Sekretär des Herzogs, seine Mitarbeiter, Lehrlinge und Helfer und schreit lauthals heraus, was er danach auch in einem Brief an den Herzog niederschreibt:

»Es betrübt mich sehr, dass der Umstand dass ich hier meinen Unterhalt verdienen muss, mich genötigt hat, die Fortsetzung der Arbeit, die Euer ehrenwerter Gnaden mir vordem übertragen haben zu unterbrechen ...«

Was hat meinen Vater so erbost? Nun: der Auftrag, die Gemächer der Herzogin »unverzüglich auszumalen«. Und das während der Arbeiten an dem *Abendmahl*.

Gereizt ging Leonardo dann wieder ans Werk. Und verlangte seinen Lohn: 2000 Dukaten. Und bekam sie.

Am 29. Juni 1497 schreibt Ludovico an seinen Sekretär Marchesino Stanga, »er hoffe, dass der Florentiner bald die Arbeit im Refektorium beenden wird, sodass er sich um andere Arbeiten kümmern könne ...«.

Eine Bemerkung, aus der sich eine gewisse Ungeduld des Herzogs heraushören lässt.

Entspannter ging es danach bei einer Einladung eines vornehmen Besuchers in Mailand zu: Kardinal Raymond Peraud, Bischof von Gurck, besuchte meinen Vater und seine Arbeit in der Santa Maria delle Grazie. Leonardo kletterte vom Gerüst herunter, um den Kardinal zu begrüßen. Dieser lud Leonardo noch zu einer Gesellschaft am gleichen Abend ein, was mein Vater hocherfreut annahm.

In bester Laune unterhält Leonardo die Gesellschaft und gibt dabei eine abenteuerliche Geschichte zum Besten: die des jungen Filippo Lippi, der in die Gefangenschaft der Sarazenen gerät, versklavt wird und nur durch seine Zeichenkunst die Freiheit wieder erlangt, um sich danach in Florenz einem gewissen Alessandro Di Mariano Filipepi anzuschließen. Und das war niemand geringerer als Sandro Botticelli ...

Während ein Teil der Gäste mit großer Aufmerksamkeit und belustigt den Geschichten meines Vaters lauschte, war der andere Teil etwas befremdet. Woher kannte Leonardo diese doch etwas bizarre Geschichte? Und sogleich machte das Gerücht die Runde, dass Leonardo von Filippino, ein bekannter Homosexueller, zu dem er in den 1470er-Jahren enge Beziehungen hatte, mehr erfahren hatte, als in der feinen Gesellschaft on Florenz bekannt war.

Aus dem angenehmen Abend wurde eine feuchtfröhlich durchzechte Nacht, die den Kardinal und meinen Vater schlussendlich im großen Himmelbett einschlafen ließ ...

15. Machiavelli

Aber vorher sollten wir uns etwas genauer einigen Personen widmen, die das Leben meines Vaters in den letzten Jahren entscheidend beeinflusst haben.

Wenn der Jurist Bernardo Machiavelli in Florenz in wichtigen Angelegenheiten unterwegs war, legte er zu seinem braun gefütterten Obergewand, der »giornea«, einen Gürtel um. Von diesem Gürtel hing eine schmale Ledertasche herab, die ein in Leder gebundenes Heft enthielt.

Im »libro di recordi«, auch »ricordanze« genannten Taschenbuch notierte Machiavelli »alles, was mir geschieht«. Die Idee stammte von meinem Vater. Aus Gründen der Sicherheit riet mein Vater Dottore Machiavelli, sein Tagebuch in toskanischem Dialekt zu verfassen, was dieser sofort bewilligte. Den Vorschlag, spiegelverkehrt wie mein Vater zu schreiben, lehnte Bernardo aber ab.

Messer Bernardo Machiavelli galt als »Advokat mit seltener Erfolglosigkeit«. Mein Vater hingegen bewunderte den alten Herren.

Und verbürgte sich, Bernardos Sohn Niccolo zu unterstützen, um ihm eine »standesgemäße« Ausbildung und Zukunft angedeihen zu lassen.

Warum war mir zu diesem Zeitpunkt nicht ganz klar. Ich sollte es aber in Kürze erfahren.

Dottore Machiavelli, in respektvoller Anrede für Richter und andere hochgestellte Personen, hatte römisches Recht studiert, war humanistisch gebildet, konnte Latein und war geschult in Grammatik, Rhetorik, Geschichte und Philosophie. Gemeinsam mit seiner Frau Bartolomea hatte er vier Kinder: Primavera, Margherita, Niccolo und Toto. Sie wohnten im Florentiner Stadtviertel *Santo Spirito* nahe des Arno zwischen der Kirche Santa Felicita und dem Palazzo Pitti, nämlich in der Via dei Michelozzi 1.

Zum Zeitpunkt der Geburt des ersten Sohnes Niccolo, 1469, war mein Vater gerade erst 17 Jahre alt. Trotzdem hatte Bernardo Machiavelli bereits Vertrauen in das »himmlische Genie« Leonardo und zog ihn ab sofort in allen Tagesentscheidungen zu Rate. Auch in die Erziehung und Ausbildung seines Sohnes.

Florenz war im 15. Jahrhundert in ganz Europa mythisch bekannt durch seinen Reichtum, seine architektonische Pracht, die Eleganz seiner Bauwerke und Plätze.

Die Stadt Dantes erlebte eine Blüte als Handels- und Finanzzentrum und stützte sich auf die 21 hierarchisch gegliederten Zünfte.

Die Bürger gaben bereits Steuererklärungen ab, vertrauten auf ihre republikanische Autonomie und besaßen ein modernes Gerichtswesen.

Und bewunderten das erste gedruckte Buch: In einer Zeit, in der europaweit der Analphabetismus überwog, lag das Bildungsniveau in der Arnostadt über dem Durchschnitt.

Vater Leonardo bewunderte auch schon als junger Knabe die Architektur von Filippo Brunelleschi, der am gleichen Tag – aber nicht im selben Jahr – starb, als mein Vater geboren wurde, nämlich am 15. April. Aber zum Zeitpunkt des Todes von Brunelleschi im Jahre 1466 war Vater gerade erst mal 14 Jahre alt. Trotzdem hinterließ die gewaltige Kuppel des Doms von Florenz Eindruck bei ihm sowie alle Bürgern und Gäste der Stadt.

Die Bewohner von Florenz waren bisher mit dem Baptisterium San Giovanni als Repräsentation zufrieden.

Aber zu der aufkommenden Konkurrenz von Kirchenbauten in Venedig, Pisa und Siena sollte der Bau des Doms in Florenz Ausmaße haben, wie sie die Toskana nie zuvor gesehen hatte. Und dazu verhalf natürlich die riesige Kuppel.

Relativ unbeeindruckt davon berichtete Bernardo Machiavelli in seinem Tagebuch eher über lapidare Begebenheiten in seinem *libro di recordi*:

- Verabredung mit Maestro Antonio de Medici im Schlafsaal des Klosters Santa Croce wegen meines neuen Testaments [das jüngste seiner vier Kinder, Totto, war bisher im Testament nicht berücksichtigt worden.]
- Mehl zum Bäcker gebracht, damit er uns bei Bedarf Brot gibt
- Das ausgeliehene Buch *La Lettura di messer Bartolomeo da Saliceto* zu Giovanni Bencis Laden in der Calimala zurückgebracht
- Leinengarn für neue Servietten beim Weber abgegeben

Für seinen Sohn Niccolo hingegen scheute Bernardo Machiavelli weder Kosten noch Mühen, um diesem die denkbar beste Ausbildung auf den Lebensweg mitzugeben.

So auch der Unterricht bei dem Grammatiklehrer Matteo Bandello, wohnhaft in der Via delle Bombarde 3 zwischen der Via dei Terme und der Borgo Santi Apostoli am anderen Arnoufer, dem er fünf Soldi pro Monat geben musste.

Als Vater 1482 nach Mailand ging, schien die Freundschaft zunächst ein jähes Ende gefunden zu haben. Aber dem war nicht so. Vater schätzte die Intelligenz des nunmehr dreizehnjährigen Niccolo Machiavelli außerordentlich und hielt den Kontakt zu Vater Bernardo und Sohn Niccolo auch über Grenzen hinweg aufrecht.

Leonardo veranlasste von Mailand aus, dass Niccolo eine humanistische Bildung erfuhr, ließ ihn Werke von seinen eigenen Lieblingswerken, nämlich Aristoteles und Cicero, lehren, sorgte dafür, dass er Latein lernte und legte größten Wert auf das Studium der »Sieben Freien Künste«, die er sich selbst im Eigenstudium beigebracht hatte: Grammatik, Rhetorik, Dialektik, Arithmetik, Geometrie, Musik und Astronomie.

Und so kam es, dass Niccolo schon mit 28 Jahren die Tricks und Kniffe derer, die an die Macht strebten, und derer, die das verhindern wollten, beherrschte. Sein Credo war herauszufinden, wie man sich »verschwört (höchstens zu zweit), wie man Verschwörungen auffliegen lässt (erst im letzten Augenblick), wie man Grausamkeiten begeht (alle auf einmal), Wohltätigkeiten gewährt (nur nach und nach) und wie man seine Popularität steigert (durch offene Willkür)«.

Mein Vater war mehr amüsiert denn geschockt. Denn sein Protegé ging sogar noch einen Schritt weiter: »*Wenn ein Politiker sich die Hände schmutzig macht, darf er keine Handschuhe anziehen ...*«

Damit meinte er die Anwendung von Folter.

Und er gab auch gleich eine eindeutige Erklärung ab:

»Stellen Sie sich vor, das Gemeinwesen ist in Gefahr, der Feind steht vor den Toren von Florenz, das Volk droht mit Rebellion. Darf dann der Fürst die Grausamkeit der Menschlichkeit vorziehen?«

Er muss.

»Die Herrschaft behauptet man nicht mit dem Rosenkranz in der

Hand! Ein Herrscher muss von moralischen Gesetzen abweichen und, je nach Notwendigkeit, die härtest mögliche Gangart einschlagen ...!«

War das das Morgengrauen einer Neuzeit?

»Wenn die Herausforderungen groß genug sind, ist auch Folter erlaubt. Und niemand der das bezweifelt, sollte Verantwortung anvertraut bekommen!«

Niccolo, politischer Querdenker, und mein Vater, Künstler, Erfinder und hochgeachteter Bürger fanden sich in der gleichen, philosophischen Denkweise wieder.

»Es gibt keine Wunder – nur Ursachen und Wirkungen ... Die Gesetze der Physik und nicht mehr die Erhebung der Seele zu Gott prägen die Architektur unseres Lebenswandels vom 15. in das 16. Jahrhundert ...!«

Und die Stadt Florenz war dahingehend tonangebend.

Niccolo Machiavelli wurde am 15. Juni 1498 in das hohe Amt des »Vorstehers der Zweiten Staatskanzlei« gewählt. Einen Monat nachdem der Betreiber des Sturzes der Medici, Girolamo Savonarola, am 23. Mai 1498 als Ketzer verbrannt worden war.

Am 19. Juni 1498 bestätigte der Große Rat von Florenz diese Ernennung.

Niccolo Machiavelli mußte »gewichtige Fürsprecher gehabt haben«, so wurde in Florenz gemunkelt. Was die Bürger dachten, aber nicht aussprachen: »Der einflussreiche Leonardo hatte da seine Finger im Spiel ...«

Obwohl der junge Machiavelli nun für Außen- und Verteidigungspolitik zuständig war, ließ ihn ein Phänomen nicht los: Geld und Macht.

So schrieb er folgende Zeilen an meinen Vater.

»Die Menschen vergessen schneller den Tod ihres Vaters als den Verlust des väterlichen Erbes.

Denn Geld ist das Lebenselixier der Kaufmannsrepubliken von Genua, Venedig und Florenz. Im *Italia bilanciata*, jenem ausbalancierten Italien, ist schließlich mit *bilancia* dasselbe Wort für Waage enthalten wie in der Bilanz des Kaufmannes. Wirtschaft und Politik sind nicht mehr zu trennen. Wer an der Macht ist, nutzt sie um Konkurrenten bis zum Bankrott zu besteuern. Und Korruption ist nicht unbedingt ein Verbrechen.

Und ein guter Fürst und Herrscher darf sein Wort nicht halten, wenn

er sich selbst damit schaden würde. Der Schein ist wichtiger als das
Sein. Tugenden sind schädlich wenn man sie ausübt – aber wertvoll,
wenn man sie nur zur Schau trägt ...«

Vater war verblüfft. So viel Kaltschnäuzigkeit hätte er seinem Schützling nun wahrlich nicht zugetraut.

Aber was jetzt noch folgte, war auch für Leonardo zu viel. Niccolo
schrieb weiter:

»Wer regieren will, darf keine Angst haben, grausam gescholten zu
werden, wenn er seine Untertanen einig und treu halten will. Ein Fürst
soll also kein anderes Ziel und keinen anderen Gedanken haben und
sich in keiner anderen Kunst über als im Krieg und Vernichtung des
Gegners ...«

Vater erschauderte. Hatte er so viel Geld investiert, um sich jetzt diesem Gedankengang zu stellen? Andererseits imponierte ihm die klare
Strategie. Und so verfasste Leonardo seinerseits einen Brief an den Ersten Kanzler in Florenz, Marcello Virgilo Adriani, in dem er Niccolo
Machiavelli für noch höhere Aufgaben ausdrücklich empfahl.

Was Signore Adriani umgehend bestätigte.

Aber noch ein weiterer Umstand war zu dieser Zeit ausschlaggebend:
die Zusammenarbeit meines Vaters mit dem grausamen wie genialen
Eroberer, dem Papstsohn Cesare Borgia.

Wie fügten sich doch Macht und Kunst bestens zusammen! Cesare,
der gigantische Militäranlagen forderte, und mein Vater, der diese umgehend entwarf.

Machiavelli war fasziniert. Und fasste einen teuflischen Plan: Als
Cesare Borgia mit meinem Vater als intellektuelle Stütze raubend und
brandschatzend, mordend und plündernd durch Italien zog und sich ein
Herzogtum nach dem anderen einverleibte, da war er an seiner Seite.
Es war der deklarierte Auftrag, den er sich selbst gestellt hatte, sich bei
dem Gewaltherrscher beliebt zu machen, auf dass dieser seine, Machiavellis, Heimatstadt Florenz verschonte.

Gar nicht so einfach am Ball zu bleiben: *Der Mann kommt an einem
Ort an, bevor man noch erfährt, dass er einen anderen verlassen hat
und das ist einfach unbesiegbar und gefährlich.*«

In nächtlichen Debatten inmitten flackernder Flammen frisch eroberter Paläste standen sich der zynische Kunstfreund Cesare Borgia und der feinsinnige, aber immer entnervte Machiavelli gegenüber.

Und mein Vater zog daraus den Schluss für sich:

»Die Erfolgreichen sind weder mit Gott noch mit dem Teufel im Bunde – sondern ganz einfach tüchtig.«

Irgendwie wurde ich nicht ganz schlau aus dem, was mein Vater mir als seine Weltanschauung auf meinen Weg mitgeben wollte.

Ich versuchte dies zu hinterfragen, sodass sich mein Vater bemüßigt fühlte, mir mehr über diesen »Herrn Niccolo« zu erzählen …

Schon zu Lebzeiten wurde der Terminus des Machiavellismus geboren. Verknüpft wurde damit – nach Ansicht meines Vaters wohl irrtümlich – der rücksichtslose Missbrauch der Regierenden zum alleinigen Ziel der Machtsicherung. Mein Vater fragte – rein theoretisch –, ob sein »in tiefer Freundschaft verbundene und mit großem Intellekt begnadete Niccolo« nur den Tyrannen und Alleinherrschern eine Rechtfertigungstheorie zimmerte oder er ein anderes Anliegen verfolgte?

Niccolos Vater war anfänglich in der päpstlichen Finanzverwaltung, später dann als freier Anwalt in Florenz tätig und vermittelte seinem Sohn Privatstunden in Latein und Humanistik.

So wurde Niccolo schon früh mit der antiken Literatur vertraut, konnte aber aus finanziellen Gründen keine Universität besuchen, sodass er sein erworbenes Wissen im florentinischen Staatsdienst einzusetzen vermochte.

Und genau das war sein großer Vorteil:

Das Italien des 15. Jahrhunderts war nicht in einem einheitlichen Nationalstaat geordnet. Es existierte vielmehr ein labiles Staatensystem mit den Hauptmächten Mailand, Neapel, Venedig und Florenz.

Lorenzo de Medici hielt die diversen Stadtstaaten noch halbwegs zusammen. Die Politik seines Sohnes allerdings, Piero de Medici, der die Geschäfte 1492 übernahm, sollte Niccolo Machiavelli zugutekommen. Piero lockerte die Bande zu Mailand und verbündete sich mit dem Königreich Neapel.

Mailand, das sich unter diesen Umständen von einer politischen Isolation bedroht sah, wandte sich an Frankreich, das selbst Ansprüche auf Neapel verfolgte. Der französische König Karl VIII. marschierte mit seinen Truppen in Italien ein, was zu Auseinandersetzungen mit Österreich und Spanien führte.

Um die Auseinandersetzungen zu ihren Gunsten zu entscheiden, heuerten die Staaten sogenannte »Condottiere« an, die Söldnerheere befehligten.

Mein Vater und auch Machiavelli waren begeistert. Bot doch diese Konstellation geistige Nahrung und vor allem Einflussnahme in intellektueller und wirtschaftlicher Hinsicht.

Und so engagierten sich beide bei den Söldnern und deren Heerführern.

Die Medici wurden dann 1494 endgültig aus Florenz vertrieben und der Dominikanermönch Girolamo Savonarola versuchte die Staatskrise mit einer auf strengem Gottesglauben und Entsagung allen Luxus berührenden Theokratie zu überwinden. Zum Verhängnis wurde ihm jedoch – wie wir schon gehört haben – sein fanatischer aber waffenloser Kampf gegen die Kirche und den Papst.

Dieser exkommunizierte Savonarola und ließ ihn 1498 hinrichten.

Im gleichen Jahr wurde der nunmehr 29-jährige Machiavelli von der florentinischen Bürgervertretung – ich durfte auf Grund meines Gefängnisaufenthaltes nicht mitwählen – zum »Segrataro della Repubblica« gewählt.

Wo sich mein Vater zu diesem Zeitpunkt aufhielt, wusste ich nicht. Aber dass er mit Machiavelli in persönlichem wie geistigem Kontakt stand, war mir klar.

Machiavellis Position führte ihn im Namen von Florenz nach Mailand (wo er tatsächlich auf meinen Vater traf), an den Hof der römischen Kurie, nach Frankreich zu Ludwig dem XII. und zu Kaiser Maximilian aus dem Hause Habsburg.

Entscheidend aber war bei diesen diplomatischen Missionen die Begegnung mit dem »Condottiero« Borgia.

Dessen skrupellose und vor keiner Tat zurückschreckende Handlungsweise hat Machiavelli nachhaltig beeindruckt.

Wie auch meinen Vater.

Aber ich bewunderte ihn, seine Freunde und Gönner. Stets war er der Überlegene, Gefragte und verehrte Meister. Dass er der Malerei zugetan war und in Mailand ein revolutionierendes Werk, das *Abendmahl* geschaffen haben soll, ließ sich für mich nicht mit der Persönlichkeit vereinbaren.

Da war mir schon verständlicher, warum mein Vater Machiavellis Spruch so sehr schätzte, den ich in Kürze schmerzlich selbst am eigenen Leib verspüren sollte:

»Wer ins Paradies will, muss den Weg zur Hölle kennen …«

Was mir mein Vater – vorerst – verschwieg: dass der Spruch noch weiterging:

»… um ihn zu vermeiden.«

16. Abbando Sculatti

Die Nacht war kalt.

Viel zu kalt für einen Sonntag im April in Florenz, und in der Nacht zu Montag fiel das Thermometer auf minus acht Grad Celsius.

Im Allgemeinen herrschte um diese Zeit in der Toskana ein mild-gemäßigtes Klima. Aber gegen Mitternacht verschwand die Mondsichel und ein eisiger Wind fegte durch die Gassen rund um die Kirche Santissima Annunziata, der Wohn- und Arbeitsstätte des Meisters und seines Gehilfen

Die meisten Florentiner schliefen bereits.

Nur die zwei Männer, ein jüngerer und ein älterer, waren noch wach und warteten auf einen Moment, ungesehen und ungestört in das lokale Krankenhaus Ospedale di Santa Maria Nuova zwischen der Via della Pergola und der Via Saint'Egidio aufbrechen zu können.

Obwohl das Ziel auf normalem Fußweg nur knapp 400 Meter entfernt über die Via del Castellaccio und dann links in die Via Maurizio Bufalini erreichbar gewesen wäre, nahmen sie den Umweg über kleine, unbeleuchtete Gässchen entlang der Via degli Alfanid und so brauchten sie für die 800 Meter knapp zehn Minuten, als sie keuchend und trotz der Kälte schwitzend vor dem Krankenhaus ankamen. Sie benutzten noch eine kleine Seitenstraße und standen kurz danach vor einem kleinen, von außen kaum wahrnehmbaren Tor.

»Den Schlüssel, schnell den Schlüssel«, herrschte der Ältere den Jüngeren an.

Der kramte in seinem Umhang und da er ihn nicht sofort fand, musste er sich Vorwürfe anhören. Die allerdings kamen mehr scharf als laut. Es durfte ja niemand geweckt oder gar die Stadtwache auf den Plan gerufen werden.

»Geduld, Meister, Geduld«, schnaufte der aufgeregte Jüngling, aber dann hatte er den sorgfältig nachgemachten Schlüssel in der Hand. Ein hölzernes Prachtexemplar, das mehr einem Einbruchswerkzeug als einem Haustorschlüssel ähnelte. Der Schlüsselhersteller musste natürlich unbekannt bleiben, was er sich mit einer größeren Summe Florentiner Goldmünzen erkauft hatte.

Es knackte und das Schloss öffnete sich.

Eilig wurde von innen wieder zugesperrt und beide atmeten tief und erleichtert durch. Dem Älteren huschte ein Lächeln aus Vorfreude auf das Kommende und Genugtuung für den herrschenden Moment über das noch jugendliche Gesicht.

Einige Treppen tiefer wartete bereits Doktor Abbando Sculatti, Professor der Pathologie und ausgewiesener, ein in Italien hoch angesehener Gerichtsmediziner, auf die beiden späten Besucher.

Irgendwie war Dr. Sculatti nicht wohl in seiner Haut.

Einerseits war er an der Arbeit und anatomischen Forschung des »Meisters« äußerst interessiert, andererseits war das, was da in Kürze unter seiner Mithilfe geschehen sollte, durch Todesstrafe verboten: nämlich die Obduktion der Leiche Nummer 37.

Die Hand Sculattis zitterte nicht nur wegen der herrschenden Kälte, sondern vielmehr wegen des Schauspiels, das in Kürze stattfinden sollte.

Kurz darauf erschien der »Meister«, begrüßte Sculatti knapp und machte sich an die Arbeit.

Es war keine Zeit zu verlieren. Die Sektionen nahmen ihren Lauf.

Mein Vater, der Pathologe und die Gehilfen arbeiteten stumm und konzentriert, derweil es mich fror und ich wenig Interesse für die »Entdeckungen« im menschlichen Körper zeigte.

Die Zeit verstrich wie im Fluge und es war kaum jemandem bewusst, dass bereits der Morgen angebrochen war und die Vorbereitungen zwei Stockwerke höher in der St. Egidiokirche für den Frühgottesdienst begannen.

Wir konnten hier unten alles gedämpft aber doch klar verstehen.

Dem Kyrie und dem Gloria folge der Wortgottesdienst.

Dem Priester folgte ein Laie der Gemeinde mit der Lesung des 1. Briefes Paulus an die Korinther.

Wie erst kürzlich bekannt wurde, wurde dieser nicht von Paulus von Tarsus, sondern von seinem Gehilfen und Begleiter Sosthenes verfasst.

»Der Geist Gottes wohnt im Menschen.«

Der Vortragende begann seine Lesung mit dem Briefwechsel zwischen Seneca und Paulus aus dem vierten Jahrhundert.

Dieser – angeblich – nie existierende Briefwechsel enthält senecanische Philosophie und paulinische Theologie.

Mein Vater war hypnotisiert. Er unterbrach seine blutige Arbeit, legte Skalpell und Hohlmeißelzange beiseite und lauschte dem Laienprediger.

War etwa etwas dran an der kolportierten Homosexualität meines Vaters? Warum faszinierte ihn dieser banale Wortwechsel eigentlich?

Nun lauschten auch ich und Dr. Sculatti sowie seine Gehilfen den Worten von oben.

Aussprüche wie: »Liebster Seneca, wie gerne wäre ich jetzt bei dir«. Oder »Liebster Paulus, ich vermisse dich« waren noch die harmlosesten Wortspiele der beiden, die sich vor Höflichkeitsfloskeln und Komplimenten nur so überboten. Beide beklagten das Fehlen eines Briefboten, sodass ihre Briefe eine Ewigkeit brauchten, um den »Bruder« zu erreichen.

Der Laienprediger beendete seine Lesung mit der Ermahnung Senecas »zur Verbesserung des sprachlichen Ausdrucks und er, Paulus, sollte auf korrektes Latein achten …«

Wir lauschten immer noch den Stimmen der Gläubigen über uns, die wir nicht sehen konnten.

Ein Gehilfe gähnte.

»Durch meine Schuld, durch meine Schuld, durch meine übergroße Schuld.«

»Herr wir preisen Dich.«

Mein Vater sang leise mit. Zum Glück ist er kein Pfarrer geworden – er sang falsch und abgehackt –, aber das war sowieso egal, da jetzt die Orgel alles übertönte

»Nachlass, Vergebung und Verzeihung gewähre der allmächtige und barmherzige Herr.«

Dr. Sculatti machte einen Sprung zur Seite und konnte nur mit Mühe einen Schrei vermeiden. Sie wollten ja unter keinen Umständen entdeckt werden.

Mein Vater hatte im kirchlichen Überschwang das Raspatorium, ein klassisches Separations-Instrument, als Taktstock missbraucht, was den Pathologen zutiefst erschreckte.

Wort des lebendigen Gottes.

Halleluja!

Das Evangelium. In jener Zeit, als Jesus und seine Jünger auf dem Weg nach Jerusalem weiterzogen, redete ein Mann Jesus an. »Ich will dir folgen wohin du auch gehst.« Jesus antwortete: »Folge mir nach.«

Der Fremde aber erwiderte: »Lasst mich zuerst heimgehen und meinen Vater begraben.«

»Lass die Toten ihre Toten begraben, du aber geh und verkünde das Reich Gottes.«

Dr. Sculatti räusperte sich. Ihm war gar nicht wohl in seiner Haut. Mein Vater aber hatte sich wieder gefangen, griff beherzt nach Klemmen und Küretten und setzte seine Obduktion fröhlich fort.

Was war das nur für ein Mann, dachte Sculatti und bekreuzigte sich in einem dunklen Winkel. Ihm schwante Böses.

Die Eucharistie.

Die Orgel stimmte ihren Hochgesang an und mein Vater unterbrach seine Arbeit noch einmal: »Der Moment hat Pathos und Kraft.« Und damit meinte er das Offertorium, die Gabenbereitung von Brot, Wasser und Wein.

Mein Vater legte eine Pause ein, in der er die um ihn herumstehenden Männer belehrte: »Was wir hier tun ist heilig. Magische Gesten nennt man das, Jahrtausende alt, älter als Stahl und Feuer. Die ersten Menschen haben von zerfleischten Göttern fantasiert. Später dann die Mär von Orpheus, zerrissen von der Geistern der Rache, Usir, hinabgestiegen ins dunkle Reich und wieder zusammengefügt zum lebenden Körper. Ein alter aber blutiger Traum.

Beten wir für die arme Seele die hier vor uns liegt.«

Dr. Sculatti konnte gerade noch einen Brechreiz unterdrücken, wohingegen die Gehilfen – und erstaunlicherweise auch ich – eher belustigt den Ausführungen meines Vaters lauschten …

»Tragt den Geist dieses Aktes in die Welt

Der Herr sei mit euch

Und mit deinem Geiste

Gehet hin in Frieden

Dank sei Gott dem Herrn …«

Hätten die Gehilfen des Professors, die am Montag zeitig in der Früh zum Dienst kamen, von den nächtlichen Aktivitäten Wind bekommen und den Stadtrat informiert, hätte auch die mächtige Herrscherfamilie der Medici das Leben der Beteiligten nicht mehr retten können.

Aber das Schicksal war noch einmal gnädig. Die Gehilfen hatten am Sonntag zu viel vom herrlichen Chianti genossen und kamen daher etwas verkatert und viel zu spät in das Ospedale. Hatte vielleicht Dr. Sculatti da vorausdenkend mitgeholfen …?

Und Doktor Sculatti hatte auch alle Spuren des nächtlichen Besuchs rechtzeitig beseitigt, sodass keinerlei Verdacht aufkam.

Salai, ein enger Mitarbeiter meines Vaters, genannt der Teufel, stand bereits wieder als Modell für seinen Meister, der soeben im Begriff war, das Gemälde des Bacchus fertigzustellen.

Aber das gespenstische Treiben der letzten Nacht sollte für die Nachwelt signifikante, ja weltberühmte Aufmerksamkeit, Staunen und Ehrfurcht nach sich ziehen.

Und es sollten noch viele solcher Nächte folgen.

Denn der »Meister« hatte ein ehrgeiziges Ziel und einen noch größeren Wissensdrang, neben den Künsten der Malerei und der Technik nun auch noch anatomische Studien folgen zu lassen.

Und dabei waren ihm alle Mittel recht – egal ob auf legale Weise oder streng verboten.

Er vertraute auf die schützende Hand seiner Auftraggeber und Mentoren, dass diese auch seine Mitwisser und Helfer ungeschoren davonkommen ließen, sollte der Skandal doch eines Tages auffliegen.

Diese, seine Helfer, waren sich offenbar nicht der Gefahr bewusst, in der sie sich damit hineinmanövrieren ließen.

Und schon bald nahm das Schicksal seinen Lauf …

17. Donna Selvaggia

Man schrieb den 14. Mai 1491. Ein Donnerstag.
Nach kurzer, schwerer Krankheit verstarb Filippo Strozzi am frühen Abend völlig unerwartet. War er kurz davor doch noch bei Bewusstsein, um sein Testament in der letzten, nunmehr unwiderruflichen Version festzuhalten: Seiner Frau, und nur ihr, übertrug er die Vormundschaft seiner drei Söhne sowie die Verwaltung des Vermögens: Selvaggia Gianfigliazzi.

Erst später, viel später, sollte ich erfahren, dass mein Vater, als er im fernen Mailand davon erfuhr, nahe daran war, seinen sonst so kühlen Kopf zu verlieren. Für die Stadtverwaltung von Florenz hatte er nie ein gutes Wort; aber sein Wutausbruch über die Signoria im Palazzo Vecchio nach dem Tod von Filippo Strozzi hätte eine saftige Verwaltungsstrafe nach sich gezogen.

Es war aber weniger das Testament, was ihn so in Rage brachte, sondern die Begleitumstände des Begräbnisses und vor allem, dass er vor vielen Jahren von genau dieser Stadtverwaltung einen Prozess wegen angeblicher Homosexualität verpasst bekommen hatte. Er schwul? Mitnichten. Denn mit Donna Selvaggia verband ihn mehr als nur die Unterstützung der Familie Strozzi gegen die Medici.

Aber alles schön der Reihe nach.

Das Begräbnis fand drei Tage später, am 17. Mai 1491, statt. Florenz erwies dem Verstorbenen eine große Ehrerbietung, wie sie seit mehr als 70 Jahren, seit 1418 Nofri Strozzi, keinem der Familienmitglieder mehr entgegengebracht worden war. Der Zug, der Filippos sterbliche Hülle zur Kirche Santa Maria Novella geleitete, war mehr als eindrucksvoll. Angeführt von Geistlichen und Bruderschaften folgten dem Sarg nicht nur Angehörige der Familie Strozzi, sondern auch Vertreter von Zünften und städtische Autoritäten, Baumeister, Maurer, Steinmetze. Alle trugen sie Trauerkleider, die auf Kosten der Familie angefertigt worden waren. Auch in Neapel und Rom wurden feierliche Totengedächtnisse abgehalten.

Allen voran jedoch seine erste Frau, Fiammetta Adimari, Mutter des gemeinsamen Sohnes Alfonso und eben Selvaggia mit ihren Söhnen Lorenzo und Giovanbattista, ein besonders anmutiges und liebenswertes Kind, das aber frappant die Gesichtszüge meines Vaters trug.

Leonardo und Selvaggia hatten sich Ende 1488 bei einem Richtfest im Palazzo Strozzi, welches mein Vater ausrichten durfte, kennengelernt. Und das war nicht ohne Folgen geblieben. War er inkognito nach Florenz gekommen? Offiziell war er seit sechs Jahren in Mailand tätig – und nun das!

Um nur ja keinen Verdacht aufkommen zu lassen, nannte Selvaggia ihren jüngsten Spross sodann Filippo, um die Vaterschaft ihres verstorbenen Mannes nicht in Frage zu stellen.

Und wieder einmal lagen die Geschicke der Familie Strozzi in den Händen einer Frau. Das ungeheure Vermögen, das ihr Filippo hinterlassen hatte, nahm der Witwe alle materiellen Sorgen ab. Selvaggia ging die Vermögensverwaltung pragmatisch an, wobei das gespannte Verhältnis zu ihrem Stiefsohn Alfonso die Angelegenheit reichlich verkomplizierte.

Im ersten Testament hatte Filippo Strozzi den zukünftigen Neubau des Palastes, nämlich den rückwertigen Teil, also den zur Via dei Legnaiuoli hin, seinem Sohn Alfonso aus erster Ehe und den vorderen Teil Lorenzo überschrieben. Giovanbattista beziehungsweise Klein-Filippo war zu diesem Zeitpunkt noch nicht geboren.

Dann platzte die Bombe beim Vormundschaftsgericht: Ein Papier dokumentierte, dass Filippo Strozzi im Dezember 1490, also knapp ein halbes Jahr vor seinem Tod, in einem Geheimakt festhielt, dass Ser Leonardo ihn in einem Vieraugengespräch mitgeteilt hätte, ein Verhältnis mit seinen beiden Ehefrauen, also Donna Fiammetta Adimari sowie Donna Selvaggia Strozzi, gehabt zu haben. Außer sich vor Wut ordnete Filippo an, die von meinem Vater geplanten und genehmigten Pläne zum Neubau umgehend für null und nichtig zu erklären. Aber da fand sich ein weiteres Dokument meines Vaters, das eindeutig ohne das Wissen von Filippo erstellt wurde, das besagt »dass die Häuserzeile von der Via Ferravecchia bis hinunter zum Alten Markt, die von Alteisenhändlern, Bäckern, Steinmetzen und Hufschmieden bewohnt wurde, zum höchsten Kulturgut von Florenz zu zählen sei und keinesfalls dem Abriss zum Opfer fallen dürfe, so wie es der Plan des neuen Palastes von Filippo Strozzi vorsah«.

Gezeichnet: Avvocato Dottore Umberto Tebaldi und Ser Leonardo da Vinci.

Also hatte sich Vater praktisch nach allen Seiten abgesichert und verlangte nun von Donna Selvaggio, ihm entweder den Sohn Giovanbattista zuzuerkennen oder achttausend Goldflorentiner an das Kloster Santa Maria Nuova zu übergeben. Die Mönche dort würden über den Geldregen sehr erfreut sein …

Donna Selvaggia resignierte.

Kurz darauf machte sich ein Bote mit einer Eildepesche auf den Weg nach Mailand. Kurz nach Mitternacht übergab er einem ihm unbekannten Empfänger ein Dankesschreiben der Mönche des Klosters. Diese teilten »untertänigst mit, dass aufgrund eines großzügigen, unbekannten Spenders das Kloster in Kürze einer Totalrenovierung unterzogen werden würde …«

Der Empfänger belohnte großzügig den Kurier, dreht sich um, spuckte auf die Fliesen und warf die Depesche in den Eimer.

Er konnte sich ein teuflisches Lächeln nicht verkneifen …

18. Cecilia Gallerani

Wer am Hof lebt, stirbt im Armenhaus.«
So zitierte ein Mailänder Höfling, Tommaso Tebaldi, das Leben am Hofe Ludovico Sforzas.

Nicht so mein Vater. Er bewarb sich wort- und blumenreich am Hofe und bekam doch tatsächlich eine Anstellung.

Militärtechnologe, Stadtplaner, Konstrukteur von Flugmaschinen, Techniker und Ingenieur, Architekt – so bot er seine Dienste an. Für Ludovico erfand er Unterseeboote, dampfbetriebene Kanonen und Schlossgärten.

Und er bekam den Auftrag, die Hochzeit von Ludovico mit seiner Langzeitverlobten, Beatrice d'Este, Tochter des Herzogs von Ferrara, vorzubereiten.

Und so kam mein Vater in die Nähe einer der wohl schillerndsten Persönlichkeiten am Hofe, Cecilia Gallerani, der Mätresse des Herzogs.

Mein Vater wusste intime und der Öffentlichkeit unbekannte Details über die Herkunft der Sforzas und nutzte dieses Wissen am Hofe zynisch und vor allem machtbesessen aus. Ob Ludovico dies wusste oder ahnte, war nicht bekannt. Vermutlich wäre mein Vater schon im Gefängnis oder tot, hätte Ludovico Sforza gewusst, wie Leonardo sein Wissen schamlos ausnutzte. Woher er es hatte, verriet er nie.

Und so hatte er den ganzen Adel, alle Speichellecker aber vor allem die Hofdamen vollkommen auf seiner Seite.

Die Sforzas hießen ursprünglich Attendolo und zählten zum bäuerlichen Kleinadel der Provinz Ravenna und besaßen dort große Ländereien.

Ihre Beliebtheit bei Hofe entstand durch militärische Erfolge ihrer Söldner und Condottieri, ihnen war aber auch der wirtschaftliche Aufschwung in Venedig, Florenz und Genua zu verdanken, den sie mit undurchsichtigen Geschäften im Orienthandel zustandebrachten.

Und es dauerte nicht lange, da wurden sie in den Reichsfürstenstand erhoben.

Der Familienname Sforza entstammt einem Spitznamen – *sforzarsi* –, den der legendäre Condottiero Giacomuzzo Attendolo im Vollrausch annahm.

Die Wahrheit dieses Familienclans kannte hingegen nur mein Vater. Und die lautete so:

Giacomo Muzio Attendolo, geboren am 10. Juni 1369 in Cotignola in der Romagna, war der Anführer einer Bande von Abenteurern und nahm den Namen Sforza dann endgültig als Familiennamen an. Er kämpfte für Perugia, Mailand, Florenz und Neapel und diente Oddo di Colonna, dem späteren Papst Martin V., der ihn zum römischen Grafen erhob.

Außerdem diente er der Königin von Neapel, Jerusalem und Ungarn, Johanna II. und deren Ehemann Wilhelm von Habsburg, Sohn Leopolds III. von Österreich.

Und diese Johanna II. hatte zwei Liebhaber: den Seneschall Pandolfo Alopo und eben den Condottiero Giacomo Muzio Attendolo, genannt Sforza …

Gleichwohl hatte Muzio Attendolo drei Kinder; allerdings nicht mit Johanna und auch nicht mit seiner Ehefrau Caterina Orsini, sondern mit seiner Mätresse Lucia de Torsano.

Und eines dieser drei unehelichen Kinder sollte bald in die Geschicke der Geschichte eingreifen: nämlich Francesco I. Sforza.

Er, Francesco, war später dann der eigentliche Gründer der Dynastie der Sforza in Mailand. Nach dem Tod seines Vaters, der am 4. Januar 1424 mit seiner Söldnertruppe nahe den Abruzzen in Kämpfe verwickelt war und an jenem Tag im Fluss Pescara nahe der Stadt L'Aquila ertrank, übernahm er dessen Brigade.

Er bewies großes Talent als Kriegstaktiker und Kommandeur und kämpfte zunächst gegen die Viscontis in Venedig und danach für sie.

Am 19. Oktober 1441 heiratete Francesco seine zweite Frau, die einzige Tochter des Filippo Maria Visconti, Bianca Maria Visconti, mit der er einen Sohn zeugte, der im gleichen Jahr wie mein Vater, nur drei Monate später, also im Juli 1452 in Vigevano in der Provinz Pavia zur Welt kam: Ludovico Maria Sforza.

Und dieser fünfte Sohn, der wegen seiner dunklen Gesichts- und

Haarfarbe auch »Il Moro« genannt wurde, nahm am 22. Oktober 1494 die Herzogskrone vom Mailänder Adel entgegen.

Und sollte zur entscheidenden Figur im Leben meines Vaters werden.

Trotz seiner in Bälde von Vater organisierten Hochzeit mit Beatrice d'Este war Ludovico Sforza für seine Lasterhaftigkeit und Despotie bekannt. Aus der ungezählten Reihe von Liebhaberinnen und Mätressen stach aber eine heraus: Cecilia Gallerani.

Mein Vater Leonardo und sein engster Freund Niccolo Machiavelli fanden ebenfalls große Zuneigung zu der Dame und ihre Augen begannen zu leuchten, wenn sie in die Nähe der Mätresse kamen.

Und so kam es, wie es kommen musste: Mein Vater fing ein Verhältnis mit Cecilia Gallerani an und gelangte dadurch zu Informationen, die er schamlos zur Beförderung seines Dienstverhältnisses für und gegen die Sforzas einsetzte. Ob es dem Herzog auffiel oder bekannt war, wusste niemand.

Cecilia wurde im Februar 1473 geboren. Mein Vater war damals 21 Jahre alt und kannte Cecilias Mutter Margherita Busti, ihrerseits die Tochter eines Rechtsgelehrten in Florenz, der meinem Großvater Ser Piero als Advokat mit Rat und Tat zur Seite stand.

Cecilias Vater Fazio war Staatsbeamter und Botschafter von Florenz in Lucca. Sie stammte aus einer angesehenen aber nicht sonderlich wohlhabenden Familie, und da ihr Vater starb als sie sieben Jahre alt war und ihre sechs Brüder Vorrang hatten, war ihr Luxusleben plötzlich zu Ende. Und so überlegte Cecilia ständig, wie sie aus dieser Misere entkommen und wieder ein luxuriöses Leben führen könnte.

Sie war klug, gebildet und betätigte sich als Förderin des Novellisten Matteo Bandello. Bandello, ursprünglich Dominikanermönch, führte indessen ein eher wechselvolles, wenig priesterliches Leben als Erzieher, Soldat und Diplomat.

In Mantua war er Hauslehrer von Lucrezia Gonzaga, aber Cecilia war es, der er prompt Gedichte und Novellen widmete.

Da Bandellos Vorbild aber Giovanni Boccaccio war und er wahllos von dessen Werken abschrieb, zeichneten sich seine Schriften als naivdrastisch sowie durch große Schlüpfrigkeit aus.

Der erste, der dahinterkam, war nicht ihr Liebhaber Ludovico, sondern ausgerechnet mein Vater. Zunächst schockiert, dann aber belustigt, stellte er die Edelfrau vor die Tatsache, dass er jetzt ein Pfand in Händen hätte, das, wenn er es veröffentlichte oder dem Herzog zeige, ganz schönes Aufsehen erregen würde.

Cecilia allerdings konterte eiskalt: »Sollte er, Leonardo, sich unterstehen, etwas von ihrem Geheimnis preiszugeben, würde sie das ihrem Gönner, immerhin Herzog von Mailand, mitteilen. Und dann könne er seine Berufung in Mailand auf der Stelle quittieren ...«

Mein Vater war geschockt. Aber so gewann er Gewissheit, dass Cecilia – wie schon gemunkelt – tatsächlich die Lieblingsmätresse von Ludovico Sforza war.

Das schlug in seine Magengrube ein wie die Handgranate, die er kürzlich auf dem Reißbrett erfunden hatte.

Nun, wie könnte er seinen Fauxpas wieder gutmachen, fragte er Cecilia? Diese antwortete jedoch spöttisch, dass er dies von seinem Arbeitgeber in Kürze erfahren sollte.

Und darauf verließ sie mit wallendem Gewande die Pfarrei Nuovo Monasteri, wohin sie meinen Vater gebeten hatte.

Dieser stand nun etwas verstört und mit einem Grummeln in der Magengegend ziemlich dumm da.

Kurz darauf bewies Ludovico seine uneingeschränkte Macht und vor allem seine Zuneigung zu Cecilia Gallerani und deren Bruder Sigerio. Dieser tötete einen Mann im Streit, entging aber einer Verurteilung durch eine persönliche Intervention des Herzogs.

Am 8. November 1490 erhielt Leonardo einen beunruhigenden Bescheid von Jacopo Trotti, dem florentinischen Botschafter in Mailand:

»Werter Freund. Soviel ich weiß, sollst du in Kürze die Hochzeit des Herzogs von Mailand mit Beatrice ausrichten. Aber die Absichten des Herzogs seien ungewiss, da er nach wie vor in Cecilia vernarrt ist.

Sie ist schwanger.

Sie wohnt bei ihm im Schloss, er nimmt sie zu allen Empfängen mit und überhäuft sie mit Geschenken ... Aber die Zeit« – so endet er diplomatisch – »die sich nicht zwingen lässt, wird alles richten.«

Und auch hier kann sich Botschafter Trotti nicht der Versuchung erwehren, ein leicht überhitztes Wortspiel mit *Sforza* und *sforzare* einzuflechten, das auch »sexuellen Zwang antun« bedeutet.

Die Vorbereitungen für Ludovicos Hochzeit mit Beatrice nahmen ihren geplanten Lauf, mein Vater hatte alles bis ins Kleinste geplant und organisiert, und am 16. Januar 1491 wurde das Fest mit großem Getöse gefeiert.

Cecilia übersiedelte wieder in die Pfarrei Nuovo Monasterio und brachte am 3. Mai einen Jungen zur Welt, der auf den Namen Cesare Sforza Visconti getauft wurde.

Leonardo und sein Dichterfreund Bellincioni waren sich sicher, dass nur Ludovico der Vater sein konnte.

Die beiden feierten bis in die späte Nacht und dabei kamen sie auf die unglückliche Idee, dem Herzog ein – wohlgemeintes – Sonett zu schreiben und ihm zukommen zu lassen. Gezeichnet war es allerdings nur von Herrn Bellincioni, nicht aber von meinem Vater.

»Gestern speisten wir, Ser Leonardo und ich, mit Cecilia, blieben dort bis zum Abend und wir hatten großen Spaß. Der Junge ist ihnen, ehrenwerter Herzog, wie aus dem Gesicht geschnitten und ich würde mich glücklich schätzen, dem Jungen in Zukunft die Geheimnisse der Dichtung beizubringen ...«

Es kam anders. Am Tag nach der Zustellung war Bellincioni tot.

Der Herzog, wohl wissend dass mein Vater die Malerei – trotz seines Genies – verabscheute, verlangte nun seinerseits von Leonardo das Unmögliche: Er solle Cecilia Gallerians Porträt malen. Und zwar mit ihrem Lieblingstier, dem Hermelin.

In Mailand herrschten raue Sitten. Und das war der Grund, warum mein Vater praktisch ohne Gegenwehr mit dem vom Herzog geforderten Porträt unverzüglich begann. Am Hof der Sforzas herrschten »Sex, Klatsch und Poesie« und das Frauenbildnis wurde »zum Vergnügen ihres Liebhabers geschaffen«.

Leonardo war aber bereits wieder obenauf und meinte völlig seriös, dass er, und nur er, *»ein Gemälde malen könne, in das sich Menschen verlieben ...«*

Und so malte er Cecilia Gallerian wie er sie kannte und liebte: die Hand am Fell des Tieres, modische Accessoires wie das goldene Stirnband, das schwarze Band, der verknotete Schleier, die Halskette: Leonardo war gefesselt von seiner und des Herzogs Konkubine ...

Wie schon bei seiner ersten Liebe (meiner Mutter?) und dem Gemälde von Ginevra de Benci mit dem Wacholder oder *ginepro*, erfand er auch hier ein Wortspiel zum Hermelin. Im Griechischen heißt das Wiesel *galé* und Cecilias Familienname war ja Gallerani.

Solche Dinge liebte er und wusste, dass auch seine Auftraggeber solche verknüpften Wortspiele liebten. Allerdings wusste ich nicht recht, woher er dieses doch recht entlegene griechische Wort kannte. Aber vielleicht verhalf ihm ein weiterer Intimfreund, des Herzogs Sekretär, der Hellenist Bartolomeo Calco, ein wenig dabei ...

Und dieses Ereignis blieb auch im fernen Mantua nicht verborgen ...

Ein Paukenschlag war dann der Brief der unersättlichen, nun aber noch tiefer gekränkten Isabella d'Este, der leiblichen Schwester von Ludovicos Ehefrau Beatrice d'Este, an die Mätresse Cecilia:

»Wir haben uns heute ein wunderschönes Porträt von Giovanni Bellini angeschaut und diskutierten dann über Leonardos Werke und wünschten uns, wir könnten einige davon sehen, um sie mit den Gemälden, die wir hier haben, zu vergleichen. Da Leonardo da Vinci Euch nach dem Leben gemalt hat, wäret Ihr so gut, mir das Porträt zu schicken und es dem Boten mitzugeben, den ich Euch zu diesem Zweck sende? Abgesehen von dem Vergleich werden wir so auch die Freude haben, Euer Gesicht zu sehen. Sobald wir es studiert haben, wird es zu Euch zurückkehren.«

Am 27. April schrieb Cecilia, dass sie das Bild schicken werde.

»Obwohl es mir lieber wäre, wenn es mir ähnlicher sähe. Eure Hoheit dürfen aber nicht denken, das liege an irgendwelchen Fehlern des Maestros, den ich wahrhaftig für genial halte. Aber er malte das Porträt, als ich noch in einem unfertigen Alter war, und mein Gesicht hat sich seither vollkommen verändert, sodass niemand glauben würde, ich sei darauf abgebildet, wenn man das Bildnis direkt neben mich hielte ...und wie so oft stellt Maestro Leonardo das emblematische Element so kraftvoll dar wie er selbst ist ...«

Auf meine Frage, ob ihm der weitere Dialog und das Schicksal des Gemäldes nunmehr bekannt seien, verneinte mein Vater.

Und ich konnte eine tiefe Trauer in seiner Stimme erkennen ...

Das Thema wurde nie wieder angesprochen.

19. Niccolo, Leonardo und Cesare

Ende Juni 1501 suchte mein Vater, gemeinsam mit dem florentinischen Gesandten Niccolo Machiavelli Herzog Cesare Borgia in Urbino auf.

In herrischem Ton verlangte der Sohn des Papstes Alexander VI., dass die Republik Florenz ihre Verfassung ändern sollte, weil sie ihm nicht gefalle. Anderenfalls würde Florenz seine Macht zu spüren bekommen.

»Mein Fürst«, setzte mein Vater zu einem Versuch des Einlenkens an, wurde aber von Cesare barsch unterbrochen. »Schweigen Sie, Messer Leonardo!«, fuhr er in an, um keine Sentimentalität aufkommen zu lassen, zumal die beiden ja einmal ein eiskaltes und doch homogenes Team gewesen waren. »Außerdem braucht Ihre Republik einen fähigen Heerführer – einen wie mich!«

»Machen Sie mir ein ehrenvolles Angebot«, bellte er nunmehr Niccolo Machiavelli an, genau wissend, dass sich dieser nie und nimmer auf sein Militärkommando einlassen würde.

Das war aber nicht das einzige Täuschungsmanöver während dieser Unterredung.

Cesare rühmte sich seiner »ausgezeichneten Beziehungen zu Ludwig XII.«, der ihm in ganz Italien »freie Hand« ließe. Und damit würde er »die politische Landkarte Italiens neu ordnen ...«

Mein Vater wurde hellhörig und seine Blicke trafen jene Machiavellis. Sie dachten beide das gleiche: Wenn man sich seiner Rückendeckung wirklich sicher war, musste man sie nicht so penetrant betonen! Machiavelli, ein überaus kühler Kopf und mit bestem Wissen ausgestattet, hatte schon vor seiner Abreise aus Florenz Informationen zugespielt bekommen, dass eher das Gegenteil der Fall war: Das Verhältnis zwischen den Borgia und Frankreich war in Wirklichkeit äußerst angespannt.

In einem Vieraugengespräch einigten sich mein Vater und Machiavelli darauf, dass der Herzog der Romagna trotz seiner unleugbaren militärischen Qualitäten nicht so stark war, wie er sich gab.

Aber das wusste Cesare selbst am besten. Es war höchste Zeit, sich mit dem französischen König zu versöhnen.

Charakteristisch für Cesare ritt er Anfang August bei Nacht und Nebel in Urbino los und erreichte knapp elf Stunden später Mailand, wo er sich umgehend bei Ludwig XII. meldete und auch sogleich eine Audienz erhielt.

Auch der französische König war auf der Hut: Trotz größerer Bataillone und festen Bastionen kamen sie bei Kämpfen mit dem Heer Cesares schnell ins Hintertreffen; der Feldherrnkunst von Cesares General, Befehlshaber Gonzalo Fernandez de Cordoba, waren die Franzosen nicht gewachsen. Also war der König weiterhin auf die Unterstützung des Papstes, also des Vaters von Cesare, angewiesen.

Kaum wieder daheim angekommen kam weiteres Ungemach auf Cesare zu.

Die Herren aus dem Hause Orsini, General Vitellozzo Vitelli, Liverotto da Fermo, Herrscher des Hauses Venafro, sowie Ermes Bentivoglio, Stadtherr von Bologna, hatten sich am 9. Oktober 1502, einem noch lauen Donnerstag im Herbst, in La Magione am Ufer des Trasimenischen Sees getroffen, um eine gemeinsame Strategie gegen die Borgia zu besprechen.

Mein Vater hatte den hohen Herren ursprünglich Perugia, die Hauptstadt Umbriens, als Treffpunkt vorgeschlagen, da es dort seiner Meinung nach die besten *Baci Perugina*, Pralinen mit Nougat und ganzen Haselnüssen gefüllt, gab.

Außerdem wohnte dort einer seiner fähigsten Schüler, den er vorstellen wollte, sollten die Herren einen künstlerischen Auftrag vergeben wollen: Pietro di Cristoforo Vannucci, genannt *Il Perugino*.

Ähnlich wie Leonardo selbst, hatte Perugino einen Wandfreskenzyklus geschaffen: *Christus übergibt Petrus den Schlüssel* in der Sixtinischen Kapelle, was mein Vater vor vielen Jahren – wieder einmal – zu malen abgelehnt hatte.

Bei dem genannten Treffen am Trasimenischen See sagten sich die Orsini, die Venafro und Bologna von den Borgias los, und schon Mitte Oktober des gleichen Jahres ging Urbino für sie verloren …

In dieser kritischen Lage holte sich der Fürst Leonardo und Niccolo

Machiavelli wieder zu sich und bat sie, ihn zwei Monate intensiv zu beraten.

Beim ersten Zusammentreffen aber wurden die beiden misstrauischer denn je zuvor. Cesare strotzte nur so vor Optimismus und war offensichtlich wieder der alte »Duca Valentino«.

Verstimmung mit Ludwig XII.? Nur ein Irrtum.

Probleme mit den Orsinis? Bologna? Keine Rede mehr davon!

Die Revolte seiner Adjutanten? Aus der Welt geschaffen.

Mein Vater und Machiavelli witterten einen großen Coup. Mit etwas Psychologie ließ sich auch erraten, welches Manöver da insgeheim eingefädelt wurde … Es ging um Rache!

Für Leonardo war aus seiner Erfahrung klar: Wenn sich Cesare plötzlich christliche Feindesliebe auf die Fahnen schrieb, war für alle Seiten höchste Vorsicht angebracht!

Trotzdem fielen die Verschwörer auf weitere, falsche Friedensbotschaften herein. Als erster scherte Paolo Orsini aus der Front der Borgiagegner aus, nachdem ihn Cesare vorher mit Zuckerbrot und Peitsche traktiert hatte. Und dieser überredete auch die anderen, ebenfalls einzulenken.

Für Leonardo und Machiavelli besiegelten sie damit ihren Untergang. An Cesares Aufrichtigkeit konnte doch im Ernst niemand glauben. Warum, so fragten sie sich, sahen sie nicht die Flammenschrift an der Wand? Gemäß der allseits bekannten Strategie der Borgias wurden die Rebellen zuerst eingelullt, um danach liquidiert zu werden.

Und tatsächlich mehrten sich die Anzeichen, dass alles auf einen Anschlag hinauslief. Cesare wollte nicht nur einzelne Familien ausrotten – nein – er wollte Florenz und Bologna in seine Gewalt bringen. Leonardo und Niccolo verlängerten daher ihren Aufenthalt und berichteten ständig per Eilkurier nach Florenz.

Das kam einer Spionagetätigkeit gleich.

Und wie die Borgias mit Spionen umgingen, war hinlänglich bekannt: mit kurzem Prozess. Da half keine ehemalige Freundschaft und kein diplomatischer Status.

Aber Cesare war klüger als erwartet: Er spannte wieder seinen Vater, Papst Alexander VI., vor seine mörderischen Absichten.

Dieser bat Kardinal Giovanni Battista Orsini nach Rom zu kommen und machte ihm dann ein interessantes Angebot: Borgia-treuen Kardinälen wurde beim nächsten Konklave indirekt die Nachfolge auf den Stuhl Petris in Aussicht gestellt.

Auch Cesare war derweil nicht untätig: Er lud in den letzten Dezembertagen des Jahres 1502 alle Generäle und Herrscher der Häuser Orsini sowie Vitellozzo Vitelli und Liverotto da Fermo, also Ex-Rebellen, nach Senigallia an die Adria. Auch mein Vater und Machiavelli waren anwesend. Und wieder hatten beide ein ungutes Gefühl. Waren die Gäste wirklich so gutgläubig, auf Zusicherungen Cesares zu vertrauen, oder planten sie ihrerseits einen Anschlag, um sich ein für allemal der Borgiagefahr zu entledigen? Aber so wie sie sich verhielten, sprach es mehr für ihre Ahnungslosigkeit, die jedwede Vorstellungskraft sprengte.

Beim gemeinsamen Abendessen stellte Cesare meinen Vater als »genie-ähnliches Phänomen in militärischer Kriegsführung« und Machiavelli als »genialen Geschichtsromancier ...« vor.

Und dann näherte sich der Schlussakt des Dramas: Nach dem Austausch verbaler Herzlichkeiten und einem ausgiebigen Mahl wurden die »Ehrengäste« von Cesares Offizieren in ihre Quartiere eskortiert und Vitellozzo Vitelli und Liverotto da Fermo unmittelbar dort erwürgt; die Orsinis blieben als nützliche Geiseln vorerst am Leben ...

Gleichzeitig beschattete Alexander VI. höchstpersönlich seinen »Ehrengast« Kardinal Giovanni Battista Orsini beim Kartenspiel, neben Sex eine der Lieblingsbeschäftigungen des Papstes. Und dann kam die erlösende Nachricht durch einen Eilboten in den Vatikan: Die Ermordung der Gegner sei vollzogen.

Der Papst bereitete dem Kartenspiel ein brüskes Ende: Kardinal Orsini wurde auf der Stelle verhaftet!

Er wurde als Hochverräter in der Engelsburg inhaftiert und unter Anklage gestellt: »Zusammen mit seinen Verwandten habe er einen Anschlag auf das Leben des Pontifex maximus geplant.«

So lautete die Anklage, auf der die Todesstrafe stand. Auch für einen Kirchenfürsten.

Für Leonardo und Niccolo, die dem Schauspiel des Orsinisturzes mit Grauen und Faszination beiwohnten, standen die Überlebenschancen der Inhaftieren denkbar schlecht. Beide versuchten noch Gnade beim Papst und Cesare geltend zu machen, scheiterten aber kläglich.

Francesco und Paolo Orsini hatten ihre Funktion als Geiseln und damit die Existenzberechtigung in den Augen der Borgia verloren und wurden bereits im Januar 1503 erwürgt.

Kardinal Giovanni Battista Orsini folgte ihnen am 22. Februar in den Tod.

Laut Alexander VI. starb er vor »Kummer über das Unglück der Seinen …«.

Der Verdacht, dass dabei seitens der Familie Borgia kräftig nachgeholfen wurde, konnte weder von meinem Vater noch vom hochintelligenten und mit den Machenschaften bestens vertrauten Niccolo Machiavelli ausgeschlossen werden.

20. Raffael

Besonders verachtete mein Vater den blutjungen, aber äußerst begabten Raffaello Sanzio, genannt Raffael, aus Urbino, 40 Kilometer südwestlich von Pesaro geboren, der nach nur 37 Lebensjahren am gleichen Tag starb, an dem er geboren wurde: am 6. April.

Zur Weißglut brachte meinen Vater allerdings ein Gemälde von Raffael, auf dem ein Engel Vaters, *lyra,* ein Zupfinstrument spielt – allerdings ist unübersehbar, dass der Engel boshafte Züge Leonardos aufweist.

Raffael, ein absolutes Naturtalent, übertraf bald seinen Lehrmeister Cristoforo Vannucci, genannt *Perugino,* erhielt unzählige Empfehlungsschreiben, unter anderem von der Markgräfin Isabella d'Este, die seinem Ruf nach Florenz vorauseilten.

Warum mochte mein Vater dieses junge, überaus begabte Genie eigentlich nie?

Ich glaube, der wahre Grund war eine Begegnung in Florenz im Palast des Taddeo Taddei am 28. November in der Via de Ginori No 19, zwischen der Via del Pucci und der Via degli Alfani gelegen.

Mein Vater gestattete Raffael ein Interview, das zunächst sachlich und ruhig begann, allmählich aber aus dem Ruder lief.

Ich war im Nebenzimmer und konnte die gereizte Stimme meines Vaters mitanhören, wohingegen Raffaels Stimme devot aber sachlich blieb, dabei aber immer mehr bohrende Fragen stellte.

R.: »Guten Tag, Messer Leonardo.«
L.: »Ich grüße dich auch.«
R.: »Was ist das?«
L.: »Ein Feuerspiegel.«
R.: »Ein Feuerspiegel? Ist das nicht ein Konflikt in sich?«
L.: »Richtig. Wenn du meinst ein Spiegel sei kalt, aber er wirft dennoch warme Strahlen, so antworte ich darauf, dass der Strahl doch von der Sonne kommt, also bei seinem Weg über den Spiegel seiner Ursache gleichen muss.«

R.: »Sie wollen die Sonnenenergie nützen?«

L.: »Das Wort kenne ich nicht. Mein Spiegel kann so viel Kraft in einem einzigen Punkt versammeln, dass man damit die Heizkessel aller Färbereien aufwärmen könnte«

R.: »ich auch nicht – es fiel mir gerade mal so ein. Ist Ihnen eigentlich aufgefallen, dass man mit so einem Hohlspiegel auch ferne Dinge untersuchen kann?«

L.: »Natürlich. Hier ist eine Abdeckung. Öffne sie so, dass nur das Licht eines einzigen Planeten hereinfällt. Das so widergespiegelte Bild wird dir dann die Beschaffenheit des Planeten verraten«

R.: »Bei allem Respekt, aber sollten Sie, hochverehrter Meister, Ihre Zeit mit malen nützen. Das Porträt einer jungen Dame aus Florenz begleitet sie schon seit Jahren und doch wird es nie fertig ...«

L.: »Ja, ja, ihr Ehemann verfolgt mich mit seinen dämlichen Briefen ...«

R.: »Während Ihr Rivale, Messer Michelangelo, Auftrag um Auftrag einheimst, macht sich sogar schon der Papst öffentlich über Sie lustig ...«

L.: »Es gibt Maler und Bildhauer, die mit Augenmaß, aber ohne Verstand arbeiten. Sie geben Dinge wieder, die sie weder kennen noch verstehen. Wer sich aber an die Praxis ohne Wissenschaft heranmacht, ist wie ein Seemann ohne Kompass, der nie sicher ist, wohin er fährt.«

R.: »Man munkelt, dass sie zwar als Wissenschaftler gelten wollen und nicht als Maler, aber niemals eine höhere Schule besucht haben.«

L.: »Ich weiß wohl, dass so mancher eitle Laffe meinen wird, er könne mich mit Recht tadeln, weil ich ein Mann ohne Gelehrsamkeit bin. Dumme Leute! Sie laufen aufgeblasen und wichtigtuerisch herum, nicht mit ihren eigenen, sondern fremder Leute Leistungen geschmückt und wollen meine nicht gelten lassen. Wissen sie denn nicht, dass meine großen und weltbewegenden Leistungen nicht aus den Worten anderer, sondern aus Erfahrung und Wahrnehmung stammen?«

R.: »Sie empfinden Ihre Kritiker als verstaubte Gelehrte, die nur Bücher wiederkäuen, während Sie selbst sich bemühen, der Welt Ihre Erfahrungen und Experimente mitzuteilen?«

L.: »Genau. Welches Vertrauen sollen wir denn haben in die antiken Philosophen, die zu definieren versuchten, was der Unterschied zwischen Leib und Seele ist?«

Ein junger, gutaussehender Mann kommt herein, stellt sich als Francesco Melzi und Assistent des Meisters vor, zieht diesen unverzüglich in eine Ecke und flüstert ihm etwas ins Ohr …

Leonardo erschrickt.

R.: »Was ist, Meister?«

L.: »Jemand hat mich beim Papst verleumdet und mich verraten. Er behindert meine anatomische Arbeit!«

R.: »Wer soll das sein?«

L.: »Jemand, der ständig in meiner Werkstatt herumspioniert.«

R.: »Sie haben sich bemüht, zu verhindern, dass sich Ihre Arbeit mit Leichen herumspricht. Sie sezierten doch nur nachts. Hat es sie nicht geekelt?«

L.: »Doch. Aber für meine Malerei war es notwendig, genau zu wissen, wie ein Körper funktioniert.«

R.: »Und in welcher Form meinen Sie, Meister?«

L.: »Mich zieht ein unbändiges Verlangen, die ungeheure Fülle von seltsamen Formen zu schauen, welche die findige Natur erschaffen hat. Meine Emotionen beim Forschen sind wie beim Kennenlernen einer großen, neuen Höhle. Man steht am Eingang und schaut ins Erdinnere. Mal dahin mal dorthin. Ich weiß nicht, was mich erwartet. Aber mich hindert weder das Dunkel noch die eisige Kälte, welche in der Höhle herrschen. Und dann regt sich Furcht und Begierde. Und immer siegt die Neugier, die Begierde!«

R.: »Und auch entgegen den Tabus der Gesellschaft? Sogar über das Gebot der christlichen Totenruhe haben Sie sich hinweggesetzt.«

L.: »Um Gemälde zu malen, die auch in Jahrhunderten die Massen begeistern, müssen Sie Bescheid über die Funktion von Armen und Beinen wissen, selbst die Beißkraft einzelner Zähne folgt dem Hebelgesetz. Anschwellende Muskeln funktionieren wie Keile. Und Sehnen halten die Schenkel um die Gelenke wie die Wanten den Mast eines Schiffes.«

R.: »Waren unter den sezierten Leichen nicht auch Leute, die Sie persönlich kannten?«

L.: »Ja, im Krankenhaus Santa Maria Nuova, wo mir ein 100-jähriger Greis wenige Stunden vor seinem Tod mitteilte, dass ihm eigentlich nichts fehle. Er sei nur unsagbar müde. Wenig später schlief er ein, ohne wieder aufzuwachen. Ich schnitt ihn dann auf um die Todesursache zu ergründen.«

R.: »Und wie war das Resultat?«

L.: »Der Verfall kam vom Versiegen des Blutes in jeder Arterie, die das Herz ernährt. Es fehlte ihm einfach an Flüssigkeitszufuhr. Der Durchgang in den Blutgefäßen wird immer enger, bis sich die Kapillaren vollkommen schließen.«

R.: »Sie haben aber auch tote Ungeborene seziert, deren Mütter gestorben waren. Wie war da Ihre Erkenntnis?«

L.: »So ein Geschöpf teilt die Wünsche, Nöte und Schmerzen der Mutter. Körper, Geist und Seele hängen unmittelbar zusammen. Der Wunsch der Seele ist es, im Körper zu wohnen, denn ohne Werkzeug kann sie weder denken noch fühlen.«

R.: »Das verstehe ich jetzt nicht ...«

L.: »Junger Mann, du hast mir vor Kurzem mitgeteilt, dass nur Gelerntes, aber keine Erfahrung zählt. Du bist jetzt der beste Beweis, dass das Unsinn ist. Wärest du erfahren so wie ich, würdest du es verstehen. Also pass auf: Nach Meinung der Kirche wird dem Menschen die Seele bei der Zeugung verliehen. Sie ist zwar mit dem Körper verbunden, aber nicht von ihm abhängig. Papst Leo X. hat sogar eine päpstliche Bulle veröffentlicht und jene als Ketzer verurteilt, die der kirchlichen Sittenlehre widersprechen.

Ich aber kenne meine Grenzen. Ich habe niemals behauptet, viel über die Seele zu wissen. So lassen wir dieses Wissen den Mönchen, den Vätern des Volkes und der Heiligen Schrift. Sie sind die höchste Wahrheit!«

R.: »Aber dieser Meinung waren Sie nicht immer. Sie haben ja beim Studium des Letzten Abendmahls die Lehren der Evangelien ordentlich kritisiert und Sie haben sogar die biblische Geschichte der Genesis bestritten ...«

L.: »Lass dir ein klares Beispiel geben: Eines Tages kamen Bauern zu mir in die Werkstatt mit Säcken voller zerfressener Muscheln und Korallen, die sie auf ihren Feldern bei Piacenza eingesammelt hatten.«

R.:»Und was schlossen sie daraus?«

L.: »Die Muscheln kamen aus einer Höhe von 1000 Ellen. Aber die Berge in dieser Gegend sind weitaus höher. Wenn du meinst, dass die Sintflut sieben Ellen über den höchsten Bergen stieg ...«

R.: »... die Bibel spricht von 15 Ellen ...«

L.: »... dann müssten diese Muscheln, die doch immer am Meeresufer zu finden sind, doch auf den Bergen liegen? Ich glaube daher, dass Italien einst allmählich aus einem riesigen Meer aufgetaucht ist. So wurden die Meeresböden zu Bergrücken. Die Geschichte der Sintflut kann daher so nicht stimmen. Und die Schar der Ahnungslosen, die das nicht wahrhaben will, beweist nur Dummheit und Einfalt! Manche dummen Zeitgenossen, wie Herr Michelangelo zum Beispiel, sollen sich nur als Durchgang für die Nahrung, als Verehrer des Unrats und als Füller von Jauchengruben bezeichnen, weil nichts Gutes durch sie vollbracht wird und weil sie nichts anderes hinterlassen als volle Jauchengruben ...«

R.: »Warum sind Sie so wütend, verehrter Meister?«

L.: »Die Unwahrheit ist dermaßen abscheulich, dass sie selbst dann, wenn sie Gottes Werke lobt, ihn in seiner göttlichen Anmut beleidigt.«

R.: »Aber der Herzog von Mailand, Ludovico Sforza, wollte doch von ihnen keine Abhandlungen über Wahrheit und Lüge, sondern handfeste Kriegsgeräte, oder?«

L.: »Richtig, er wollte Waffen. Ich habe dem Herzog Katapulte von wundersamer Wirksamkeit in Aussicht gestellt. Ich versprach ihm Pulvergeschütze, mit denen man Steinhagel erzeugen kann und deren Rauch dem Feind gewaltigen Schrecken einjagt. Außerdem bot ich ihm unangreifbare, gedeckte Wagen an, die mit ihren Geschützen durch die Reihen des Feindes fahren und jeden noch so großen Haufen von Bewaffneten zersprengen.«

R.: »Sie planten auch einen Giftkrieg? Stimmt das?«

L.: »Ja. Mit kleinen Katapulten sollte ein Puder aus Kalk, Arsen und Grünspan auf die feindlichen Schiffe geworfen werden; alle, die den Staub einatmen, würden sterben. Ich riet dringend darauf zu achten, dass kein Wind wehte, der den Staub auf dich zuweht, oder wenigstens Nase und Mund durch ein dünnes, nasses Tuch zu schützen.«

R.: »Aber Sie haben Krieg auch eine ›bestialische Dummheit‹ genannt? Wie passt das zusammen?«

L.: »Das ist er doch. Wenn du die wunderbaren Werke der Natur gesehen hast und jemand will sie zerstören!«

R.:« Und trotzdem entwarfen sie Massenvernichtungswaffen!«

L.: »Um das Hauptgeschenk der Natur, nämlich die Freiheit, zu bewahren, erfand ich Angriffs- und Verteidigungsmittel für den Fall, dass wir von ehrgeizigen Tyrannen bedrängt würden.«

R.: »Das sagen ausgerechnet Sie? Sie, der mit Cesare Borgia als Chefingenieur durchs Land zog, den alle für seine außerordentliche Brutalität fürchteten?«

L.: »Ach, mein geliebter Valentino ...«

R.: »So nannten Sie ihn. Wo ist er eigentlich?«

L.: »Nachdem sein Vater, der Papst, gestorben war, musste er das Land verlassen und starb selbst in Spanien. Er hatte mir ein Manuskript des Archimedes aus der Bibliothek des Erzbischofs von Padua versprochen. Den Sold schuldet er mir auch noch. Ich musste dann, zurück in Florenz, vom Ersparten leben. Aber ich war wie ein abgeschnittener Baum, der wieder ausschlug.«

R.: »Und trotzdem hört man, dass Sie ehrbaren Kunden die Tür vor der Nase zuwarfen. Selbst die kunstsinnige Herzogin Isabella d'Este wiesen Sie ab – obwohl sie fast um ein Gemälde bettelte ... Der Meister sei zu beschäftigt, ließen sie ihr ausrichten. Sie waren mit Flugversuchen abgelenkt.«

L.: »Kein Kommentar.«

R.: »Sprechen wir über Ihre anatomischen Erfolge. Sie haben angeblich die Herzklappen erfunden, stimmt das?«

L.: »... mmh, ja, ich baute mir ein Herz aus Glas, füllte es mit Wasser, warf Hirsekörner hinein und beobachtete sie. Aber glauben Sie mir, junger Freund, das alles wird man erst in 500 oder mehr Jahren begreifen ... Eine meiner Lebensmaxime ist doch diese: Unterlasse diejenigen Arbeiten, deren Ergebnis mit dem Arbeiter stirbt. Zum Beispiel das Malen von Gemälden. Denn es fehlt uns nicht an Mitteln, um unsere spärlich gezählten Tage zu messen; darum sollte es uns eine Freude sein, die Zeit weder unnütz zu vergeuden noch ruhmlos zu verbringen, ohne dass sie irgendeine Erinnerung im Geist der Sterblichen hinterlassen ... Ich will dir zum Schluss noch eine kleine Geschichte über die ständige, niemals enden wollende Schulung des Verstands und des Geistes erzählen:

Eine Rasierklinge sah eines Tages, wie die Sonne auf ihrer Oberfläche funkelte. Voller Stolz beschloss sie, nicht mehr zur Arbeit beim Barbier zurückzukehren, und suchte sich ein ruhiges Versteck. Als sie jedoch nach ein paar Monaten wieder ans Tageslicht trat, stellt sie fest, dass all der Glanz verschwunden war, weil eine Rostschicht sie bedeckte. Wie mit der Rasierklinge, so ist es auch mit dem menschlichen Geist: Man muss ihn ständig gebrauchen. Sobald wir uns aber der Bequemlichkeit hingeben, verliert er wie die Rasierklinge seine Schärfe und ein hässlicher ›Rost‹ und die Ignoranz verunstaltet ihn!« …

L.: »Lebe wohl!«

21. Michelangelo

Am Montag, den 26. Oktober 1504, um exakt zehn Uhr 27, bahnte sich im Sala del Maggiore Consiglio, dem riesigen Ratssaal des Palazzo Vecchio, eine schicksalshafte Begegnung an.

Über Florenz ging seit Stunden ein heftiges Gewitter nieder. Mangels eines funktionierenden Kanalsystems füllten sich die Straßen und Gassen mit Sturzbächen. Die Piazza di Santa Maria Novella vor unserem Domizil, dem Kloster Santa Maria Novella, stand in kürzester Zeit völlig unter Wasser, zumal die Regenbäche aus allen Richtungen – von der Via Panzani, vom Largo Fratelli Alinari und der Via degli Avelli – auf den Platz hinunterschossen.

Wir zogen in unsere neue Unterkunft, dem Kloster Santa Maria Novella, dessen Bau mein Vater 30 Jahre zuvor hatte beobachten können.

Auf mich übten die leuchtenden Fresken von Ghirlandaio, die Porträts Ficinos, Luigi Pulcis und Polizianos und der Mediciknaben eine faszinierende Wirkung aus. Für meinen Vater waren es Gesichter und Geister aus seiner Jugend und aus einem anderen Florenz.

Ich bekam vom Hohen Rat den Schlüssel zum nicht benutzten Refektorium, dem sogenannten *Sala del Papa*, ausgehändigt. Die Sala del Papa lag in einer Gebäudegruppe westlich der Kirche und war in keinem guten Zustand. Der Stadtrat ordnete an, das Dach zu reparieren, um es wasserdicht zu machen. Die Fenster waren schief und mussten ausgerichtet werden.

Beim Besuch des Zimmermanns Benedetto Buchi bekam mein Vater einen Wutanfall. Dieser brachte Bretter, Latten und Gitter, was Leonardo zu der lautstarken Meinung veranlasste, dass er »nicht in einem Zoo« wohnen wolle ...

Der Hausrat war allerdings beachtlich: 44 Stühle und Tische, Handtücher und Servietten, Besen und Kerzenleuchter, zwei Federbetten für Vater und Sohn getrennt, ein Kupferbecken (mein Vater war ein Hygiene- und Sauberkeitsfanatiker), ein Schöpflöffel, eine Bratpfanne,

Fackelhalter samt Fackeln, Tintenfass, Tinte, Seife, Farben, Dreifuß, Federhalter, Lesepult, Lineal und Schwamm. Der Saal glich einer Baustelle.

Aber das Wichtigste war für meinen Vater die »Arbeitsbühne samt Leiter und allen nötigen Vorrichtungen«. Den Hauptträger der Arbeitsbühne bildete ein fünf Ellen langer Balken aus Ulmenholz, worauf mein Vater größten Wert legte. Das heißt, die Bühne war kein Gerüst, sondern hing und konnte durch Flaschenzüge in der Höhe verstellt werden.

Der Papierhändler Giandomenico di Filippo brachte Unmengen von Papier und Kartons, Apotheker lieferten Wachs, Terpentin und Bleiweiß und Schwämme.

Maestro Antonio di Giovanni, seines Zeichens Baumeister, erhielt den Auftrag, einen Durchgang zu bauen, damit Maestro Leonardo vom Arbeits- zum Wohnzimmer mit seinen riesigen Kartons ungehindert gelangen konnte.

Ein Hinweis auf die verantwortungsvolle und mühsame Arbeit, die meinen Vater erwartete: Der Stadtrat hatte ihm den Auftrag erteilt, ein bedeutsames, riesiges Fresko an einer Wand im gigantischen Ratssaal, der Sala del Maggiore Consiglio, im Palazzo Vecchio anzubringen.

Der Palazzo Vecchio stellte den Mittelpunkt der westlichen Macht in Florenz des 14. Jahrhunderts dar, hieß ursprünglich Palazzo della Signoria, die Regierung der Republik, und wurde in nur 15 Jahren, nämlich zwischen 1299 und 1314, errichtet. Der markante Turm mit seinen 94 Metern, der auf der Seite zur Piazza della Signoria einen halben Meter überhängt, repräsentierte den typischen toskanischen Kommunalpalast. Dieses imposante Bauwerk, eine Stadtbastion, sieht nicht von ungefähr so aus wie ein Wehrbau. Er sollte dem Schutz der Ratsherren vor Übergriffen der unruhigen Familienclans oder des aufgebrachten Volkes dienen.

Und genau dort, im monumentalen *Saal der Fünfhundert*, bekam Leonardo den Auftrag, die sogenannte *Anghiari Schlacht* zu verewigen.

Der Saal mit seinen 54 mal 22 Metern wurde von Savonarola nach der zweiten Vertreibung der Medici nach venezianischem Vorbild eines großen Rates von 500 Mitgliedern in Auftrag gegeben und durch Antonio da Sangallo errichtet.

Und dort sollte das Unheil seinen – unrühmlichen – Lauf nehmen ...

Die sogenannte Schlacht von Anghiari lieferten sich am 29. Juni 1440 die Konfliktparteien des Herzogtums Mailand gegen einen Verband der Republik Florenz, den Kirchenstaat und die Republik Venedig. So hatte das Herzogtum Mailand nur einen Befehlsoberhaber, nämlich Niccolo Piccinino, wohingegen auf der anderen Seite natürlich drei Befehlshaber agierten, die sich ständig widersprachen und im Weg standen: Ludovico Trevisan mit 4000 florentinischen Soldaten, Michelotto Attendolo mit 4000 Soldaten des Kirchenstaates sowie Giovanni Antonio Orsini del Balzo mit 300 Rittern der Republik Venedig.

Die zahlenmäßig überlegenen Mailänder starteten am Nachmittag des 29. Juni einen Überraschungsangriff entlang der Achse Sansepolcro-Anghiari. Den dabei aufgewirbelten Staub erkannten die Florentiner und Verbündeten und bereiteten sich umgehend auf die Verteidigung vor, die zunächst an einer Brücke über einen naheliegenden, schützenden Kanal begann. Durch einen Gegenangriff in die Flanke der Mailänder wurden diese gegen Mitternacht desselben Tages zum Rückzug gezwungen.

Die Signoria wünschte, diesen ruhmreichen Florentiner Sieg auf die Westwand im Refektorium durch meinen Vater darzustellen.

Mein Vater kannte den Ort der Schlacht bei dem Dorf Anghiari, im toskanischen Hügelland unweit von Arezzo gelegen, da er ein Jahr zuvor auf dem Weg nach Urbino durch diese Gegend gekommen war. Von der Schlacht selbst wusste er allerdings so gut wie nichts. Und so traf er sich mit Niccolo Machiavelli, um mehr zu erfahren.

Machiavelli, erschrocken ob der Gigantomanie des Unternehmens, holte seinen Gehilfen Agostino di Vespucci und ließ eine lange Beschreibung der Schlacht, eines in lateinischer Sprache gehaltenen Berichts, von Leonardo Dati anfertigen, damit sich mein Vater vorab ein Bild der Ereignisse machen konnte.

Schon bei den ersten Studien und Vorarbeiten von Soldatenköpfen kamen ihm seine schon legendären Kenntnisse der menschlichen Anatomie sehr zugute.

Das Gemälde sollte in mehreren Episoden in zeitlicher Folge die Geschehnisse darstellen.

Die Schlacht begann mit der Ansprache des Niccolo Piccino zu den Soldaten: Er bestieg dann als erster sein gepanzertes Pferd und 40 Reitertrupps folgten.

In Datis Darstellung durfte auch eine religiös-visionäre Szene nicht fehlen, was meinen Vater – angesichts seiner Studien der Evangelien zum *Letzten Abendmahl* – zu boshaften und lautstarken Kommentaren veranlasste.

In einer Szene erscheint Petrus dem Kommandeur der Florentiner in einer Wolke, just am Peter und Paul-Tag am 29. Juni.

Die Ratsherren wünschten ausdrücklich, dass mein Vater dieses Ereignis im Gemälde umsetzte, obschon der kühle Denker und Stratege Machiavelli klar zu verstehen gab, dass es sich dabei um keine »Schlacht«, sondern nur um ein Scharmützel gehandelt hatte. Es sei außerdem nur ein Mann ums Leben gekommen; und das auch nur durch einen blöden Zufall, weil sein Pferd auf ihn stürzte ...

Aber die Propagandaversion war wichtiger als die Wahrheit.

Meinem Vater war es egal: Eine mitreißende Darstellung von florentinischer militärischer Tapferkeit zur Stärkung der Republik in unsicheren Zeiten war ihm, dem erklärten Liebhaber von Soldatentum und kriegerischen Umtrieben, nur recht.

Und so begann er im jetzt fertiggestellten Refektorium im Kloster Santa Maria Novella, auf riesigen Kartons seine Arbeit des kraftvollen Schreckens und der Grausamkeit des Krieges zu skizzieren: aufgerissene Münder der kämpfenden Soldaten, das erschrockene Aufbäumen der Pferde, die angespannten Muskeln, die niedersausenden Schwerter.

In diesen Zeichnungen verbarg sich allerdings auch viel Selbsterlebtes; grauenhafte Szenen, die mein Vater in der Zeit mit Borgia selbst erlebt hatte.

Daher wusste er auch, worauf er sich konzentrieren musste, wenn er das dramatische Geschehen auf dem Schlachtfeld wiedergeben wollte:

»Du musst vor allem zeigen, wie der Rauch der Geschütze sich in der Luft mit dem Staub mischt, der durch die Bewegung der Pferde und der Kämpfer aufgewirbelt wird ... Die Luft soll voller Pfeile sein, die in verschiedene Richtungen fliegen ... und die Kugeln sollen in ihrer Bahn von etwas Rauch begleitet werden ... Wenn du einen Gefallenen malst, so mache auch die Gleitspur im Staub, der zum blutigen Schlamm geworden ist ... Andere mögen im Sterben die Zähne zusammenbeißen, die Augen verdrehen, weinen oder die Fäuste an den Leib pressen und die Beine krümmen ...«

Genau in diesem Getümmel, diesem formlosen Tumult, diesen Verzerrungen und Verrenkungen entwickelte Leonardo einerseits die Wunschvorstellungen der Ratsherren und andererseits selbst beobachtete Wahrheit.

Was er zu diesem Zeitpunkt weder ahnte noch voraussehen konnte, war die Entscheidung der Signoria, die andere Wand Michelangelo Buonarotti zur Verfügung zu stellen, um die *Schlacht von Cascina* malerisch darzustellen.

Und an diesem unglückseligen Montag, den 26. Oktober, nahm das Drama um meinen Vater und Herrn Michele Agnolo di Lodovico Buonarotti, genannt Michelangelo aus Settignano, seinen Lauf!
Ein Zusammentreffen zweier Giganten mit agressiver Selbstüberschätzung

War es von Anfang so geplant oder ein unheilvoller Zufall?

Mein Vater war schadenfroh.

War schon sein Thema der Anghiari Schlacht überzogen und »florentinisch chauvinistisch«, so war Michelangelos Aufgabe noch weniger in die Geschichtsbücher eingegangen: Die »Schlacht von Cascina« fand am 29.J uli 1364 in der Nähe der Stadt Cascina zwischen den Truppen Pisas und Florenz' statt, die mit einem Sieg der Florentiner endete. Die Pisaner verloren über 1 000 Soldaten, Cascina selbst wurde dem Stadtgebiet von Florenz einverleibt.

Mit einem süffisanten Lächeln begrüßte mein Vater sein nunmehriges Gegenüber, dem die insgeheime Gemeinheit nicht verborgen blieb.

Die Abneigung der beiden war körperlich spürbar. Und hatte mehrere Gründe aus früheren Begebenheiten.

Es begann damit, dass am 25. Januar 1504 die Dombauhütte einen außerordentlichen Ausschuss einberief, um einen »passenden und angemessenen« Platz für die Aufstellung des »inzwischen fast fertigen« Marmorriesen des *David* zu finden.

Dieses charakteristisch florentinische Werk wurde als zeitgenössisches Dokument der *Riese* genannt. Der Vertrag mit der Signoria trägt das Datum des 16. August 1501 und für die Arbeiten waren zwei Jahre vorgesehen. Das Honorar betrug 400 Dukaten.

Ein Bettel, wie mein Vater nüchtern feststellte: Sein Porträt der Lisa del Giocondo war weitaus einträglicher gewesen …

Michelangelo sollte den *David*, der fast fünf Meter hoch ist und gut 18 Tonnen wiegt, aus einem verdorbenen Marmorblock hauen, der seit Jahren in der Dombauhütte herumlag.

Mein Vater äußerte lautstark, dass daraus niemals ein Werk entstehen könne, zumal schon der angesehene Bildhauer Simone de Fiesole das ganze »verstümmelt« habe.

Ursprünglich wollte der Gonfaloniere Piero Soderini, welcher der Staatsspitze der Republik von Florenz von 1502–1512 vorstand, die Aufgabe an meinen Vater Leonardo übertragen. Warum er es sich dann aber anders überlegte und Michelangelo damit beauftragte, war nicht nachvollziehbar.

Mein Vater und Soderini waren seit Kindeszeiten sehr gute Freunde.

Piero, fast auf den Tag genau einen Monat vor meinem Vater am 18. Mai 1452 in Florenz geboren, war der Sohn von Maso Soderino, einer Führungsfigur der Mediciherrschaft. Seine Mutter war eine Schwester von Lucrezia Tornabuoni, die ihrerseits mit Piero di Cosimo de Medici verbunden war, also eine mittelbare Verschwägerung repräsentierte. Sein Bruder Paolantonio bewegte sich in der Opposition, während Piero ein Parteimann war und somit mit Leonardo und Niccolo Machiavelli in ständigem Kontakt stand. Die latente Führungsrolle der Soderini war deshalb gegeben, da auch seine anderen Brüder Francesco und Giovanvittori sehr eng mit den Medici zusammenarbeiteten.

Und mein Vater befand sich mittendrin in dieser Verschwörungsgemeinschaft.

Der Gonfaloniere war das wohl einflussreichste Amt in italienischen Gemeinden und Vorsteher der acht *Prioren* in Florenz. Außerdem war er auch *Gonfaloniere di Giustizia*, ein »Bannerträger der Gerechtigkeit und Justiz« und Oberkommandierender der Streitkräfte.

Mein Vater hatte die Uniform für die florentinische Garde entwickelt: ein purpurroter Mantel mit Hermelinfell besetzt und mit goldenem Kreuze bestickt.

Der Ausschuss zur Aufstellung des »Riesen« begann mit einem Eklat. 30 Männer waren geladen – unter ihnen auch mein Vater. Er begann die Sitzung mit den Worten, »man solle dieses Unding irgendwo in der Loggia die Lanzi, gegenüber dem Palazzo Vecchio aufstellen und eine Mauer darum errichten«.

Und schon ging die Streiterei los.

Andrea da Sansavino, Andrea della Robbia, Piero di Cosimo, der jüngere Bruder des verstorbenen Domenico, Simone Ghirlandaio und Filippino Lippi gaben meinem Vater recht: Dieses »hässliche Ungetüm« darf »keinesfalls den guten Geschmack der Florentiner Gesellschaft verderben ...«

Simone del Pallaiuolo, genannt *Il Cronaca*, Cosimo Roselli, Sandro Botticelli, Giuliano und Antonio da Sangallo, Pietro Perugino sowie Lorenzo di Credi wiederum bestanden lautstark darauf, die Statue nicht in einer Ecke verkümmern zu lassen, sondern einen Ehrenplatz vor der Signoria einzuräumen.

Aber dann gab es noch die »militante« Gruppe um meinen Vater herum: *Vante miniatore,* dem mein Vater Geld geliehen hatte und der jetzt in seiner Schuld stand; der Komponist und Musiker, den mein Vater unterstützt hatte: Giovanni di Andrea Cellini, genannt *Giovanni piffero* und Vaters Liebling, der Goldschmied und *Lockenkopf* Riccio Fiorentino.

Schon die Ansicht von Giuliano da Sangallo, die Statue solle nicht »die Arbeit der Soldaten« beeinträchtigen, teilten zwar nicht alle, brachte aber die grundsätzlich ablehnende Haltung zum Ausdruck.

Leonardo, persönlich beleidigt, wollte nicht nur die Statue, sondern den Künstler Michelangelo und sein unangenehmes Genie »in die Ecke« stellen: erinnerte er sich doch an seine Jugend, als er vor vielen Jahre Verrocchio selbst als *David* Modell stand ...

Aber Leonardos Einspruch fand keine Mehrheit.

Im Gegenteil: Die Skulptur wurde vor dem Palazzo Vecchio an gut sichtbarer Stelle der Piazza della Signoria, aufgestellt – und sogleich von Jugendlichen mit Steinen beworfen, sodass man eine Wache aufstellen musste.

Mit diesem Vandalismus hatte mein Vater mit Sicherheit nichts zu tun: »Der Marmorriese ist in der achten Stunde des Abends am 14. Mai 1504 aus der Dombauhütte geholt worden; und dazu musste man die Wand über dem Tor herausbrechen, damit sie hindurchging. In der Nacht zuvor hatte jemand Steine auf den Riesen geworfen, um ihn zu beschädigen. Deshalb musste man Wachen aufstellen. Man brauchte vier Tage, um sie zur Piazza della Signoria zu bringen, wo sie am 18. Mai um acht Uhr morgens ankam.«

Proteste meines Vaters und seiner Anhängern verzögerten die Aufstellung bis zum 8. Juli. Donatellos *Judith* wurde dazu in den Innenhof verbannt.

Bei der anschließenden Feier war mein Vater nicht anwesend.

Auch ein weiterer, öffentlicher Disput trug nicht gerade zur Entspannung des Verhältnisses bei: Einige Tage nach der Aufstellung der Statue am wichtigsten Platz von Florenz spazierte mein Vater mit seinem Freund Pietro da Gavine am frühen Abend über die Piazza Santa Trinità.

Unmittelbar vor dem Haus Nummer fünf, an der Ecke der Via de Tornabuoni und dem Platz Santa Trinita, dem berühmten Palazzo der Familie Spini Feroni, diskutierten einige gebildete Leute über eine ganz bestimmt Stelle aus Dantes *Göttlicher Komödie*, der *Divina Commedia*.

Der Palazzo Spini Feroni, 1289 von dem reichen Tuchhändler Geri Spini prachtvoll ausgebaut, war ein zentraler Treffpunkt der vornehmen Florentiner.

Thema des Streitgesprächs war eine Stelle aus dem ersten Teil, von Dantes *Inferno*.

Schon zu seiner Zeit in Mantua war mein Vater als hochgebildeter Interpret von Passagen aus Dantes Werken in der Stadt bekannt.

Die Leute hielten Leonardo und Pietro an, entschuldigten sich für ihr Verhalten und gaben zu verstehen, dass nur er, aber wirklich nur er, folgende Frage beantworten, beziehungsweise für sie erschließen könne …

Dante erzählt von seiner Reise durch die drei Reiche der Toten.

Diese begann am Karfreitag, den 8. April im Jahre 1300.

Dante verirrte sich im tiefen Wald. In der Ferne erblickte er den *Berg der Tugend*, den er schleunigst erreichen will.

Aber ein Panther, ein Löwe und eine Wölfin drängten ihn in ein finsteres Tal. Dort begegnete er dem von ihm – und auch meinem Vater –

hoch verehrten römischen Dichter Vergil, den er auch sogleich um Hilfe bat.

Trotz wütender Proteste der Wölfin, begleitete Vergil Dante auf die *Jenseitswanderung* in Richtung Paradies. Da Vergil aber nicht getauft ist, blieb ihm der Eintritt in das Paradies verwehrt.

Und plötzlich erschrak Dante zu Tode: Vor ihm tauchte seine Jugendliebe Beatrice Portinari auf, um ihn in das Paradies zu führen. Über ihr schwebte die Zahl neun.

Knapp vor dem Ziel traf ihn die Zahl neun wie eine Keule: Im untersten Kreis der Hölle, dem neunten, verbüßten Verräter ihre Sünden. Zerhackt und eingefroren liegen sie im Eissee Cocytus, dem Fluss des Wehklagens, und hatten keine Gnade zu erwarten.

Denn genau dort sah er zu seinem blanken Entsetzen den Vater von Beatrice, den Bankier Folco Portinari, der ihm, Dante, seine Tochter versprochen hatte, dann aber doch mit dem Bankier und Ritter Simone die Bardi verheiratet hat.

Leonardo wurde nun gefragt, wie er denn diese ominöse Zahl neun verstünde, die vor allem mit dem Tod von Beatrice Portinari in Zusammenhang gebracht wurde.

Just in diesem Augenblick passierte auch Michelangelo das Haus Nummer fünf an der Piazza di Trinità, als Leonardo laut rief: »Der Neunmalkluge wird es euch erklären ...«

Michelangelo erkannte natürlich sofort, dass mein Vater ihn verhöhnen wollte und antwortete schlagfertig

»Erkläre du es, der du einen Entwurf zu einem Pferd gemacht hast, um es in Bronze zu gießen und es nicht fertiggebracht hast, es zu gießen und aus Scham ließest du es liegen ...« Er drehte sich um und schritt weiter seines Weges und ließ meinen Vater ziemlich blamiert und rot im Gesicht zurück.

Aber nicht genug. Michelangelo kam zurück, um eine weitere Gemeinheit abzuschießen, zumal die Gelegenheit, Leonardo vor den gebildeten Leuten zu blamieren, sich nicht so bald wieder ergab.

»Und außerdem – die Mailänder Dummköpfe und »Neunmalklugen« haben ja sowieso nie geglaubt, dass du das Pferd wirst zustandebringen können ...«

Sprach er und ging in östlicher Richtung zur Brücke Ponte Santa Trinita, die über den Arno führte, von dannen. Noch vor der Brücke stoppte mein Vater Michelangelo und verpasste ihm einen ziemlich heftigen Faustschlag mitten ins Gesicht.

Und so kam Michelangelo Buonarotti zu seiner berühmten Boxernase.

Für mich, als Leonardos Sohn, war die Sache klar: Die Charaktere sind deutlich gezeichnet: mein eher zurückhaltender Vater Leonardo, der es doch zynisch meinte, und der reizbare, unbeherrschte Michelangelo, der heftig auf die Kränkung, »fragt Michelangelo, der wird es euch erklären«, reagierte.

Leonardo war instinktiv höflich – Michelangelo instinktiv aggressiv. Jedenfalls repräsentierten beide ihre gegenseitige Antipathie in der Öffentlichkeit

Und in diesem Kontext bitterer Rivalität kam die Signoria unter Piero Soderini auf die Idee, Michelangelo dafür zu gewinnen, im Ratssaal gleichfalls als Kontrapunkt zu Leonardo eine Schlachtszene zu malen …

Die in der Loggia versammelten Gelehrten hatten verblüfft dem gehässigen Dialog und Raufhandel zugeschaut und gelauscht, wollten aber dann trotzdem das Geheimnis der »Neun« in Dantes Inferno von Leonardo erfahren und was es mit der Jugendliebe Beatrice Portinari auf sich hatte.

Mein Vater ließ sich inmitten der Zuhörerschaft nieder und bestellte eine Jabana, den bauchigen Tonkrug mit *Kaffa aus Äthiopien.*

»Gemäß der christlichen Zeitrechnung«, begann mein Vater seine intellektuelle Abhandlung des komplexen Themas, »wird die Jahreszählung auf die Geburt Jesu Christ bezogen. Die übrigen Elemente der Zeitrechnung, insbesonders die zyklischen Strukturen mit Monaten, Wochen und Wochentagen sind in vielen Kulturen ähnlich. [Das Wissen darüber stammte noch aus seinen intensiven Studien zum *Abendmahl* Gemälde in Mailand und den Dominikanermönchen des Klosters Santa Maria delle Grazie.] Erfinder war Julius Cäsar, nachdem der neue Kalender ihm zu Ehren julianisch genannt wurde.

Die Zahl neun«, so mein Vater, »ist in Dichtung und Volksmund gleicherart vertreten: Dantes Hölle besteht aus neun Kreisen, Katzen werden ›neun Leben‹ nachgesagt.

Außerdem ist die neun eine Quadratzahl und die höchste einstellige Zahl im Dezimalsystem.

Bezugnehmend auf den Todestag von seiner Jugendfreundin Beatrice, welche am 8. Juni 1290 erst 24-jährig starb, gibt es zwei Versionen: In seiner Vita nove behandelt Dante die Beziehung vom Kennenlernen bis zu ihrem Tod; und dann im Kapitel 28 der Göttlichen Komödie, wobei das Wort Tod nicht erwähnt und auf keinerlei Spekulationen eingegangen wird.

Dante bemerkte, dass – egal nach welcher Zeitrechnung man es auch betrachtete – der Todestag immer der neunte war.«

Die Bürger von Florenz reagierten unterschiedlich. Beifall und gehässige Ablehnung der Theorie und »Verhunzung der Danteschen Geisteshaltung« prägten das Gesprächsthema bis spät in die Nacht.

Bevor Leonardo die Piazza verließ, konnte er sich einen Seitenhieb auf sein verhasstes Gegenüber nicht verkneifen: »Mache die Muskeln des Körpers nicht zu deutlich, wenn die Glieder, zu denen sie gehören, nicht gerade große Kraft und Mühe aufbringen ... sonst erhältst du einen Sack Walnüsse statt einer menschlichen Gestalt. Das Ganze dürfe nicht aussehen wie ein Sack Rüben ...«

Dieser Seitenhieb auf Michelangelos *David* war bewusst provokativ und als Waffe ganz gezielt eingesetzt. »Sehen Sie, Bürger, wie er die Schleuder um die linke Schulter legt, aber den glatten Stein in seiner rechten Hand versteckt hält?«, monierte Leonardo mit einer weiten Handbewegung in Richtung der fünf Meter hohen *David* Statue.

»Kennt ihr überhaupt die biblische Geschichte von David und Goliath?«, fuhr mein Vater fort. »Wer kennt sie? Wer kennt sie nicht?«

Viele der Anwesenden wussten nicht so recht, wie sie reagieren sollten. Andererseits war »Messer Leonardo« ein überaus gebildeter Mensch und Bürger der Stadt Florenz, sodass es keine Schande darstellte, die Geschichte nicht zu kennen.

Also bestellte mein Vater noch eine *Jabana* und begann, Michelangelos Statue in seine Einzelheiten »zu zerlegen«.

»Herr Buonarotti Simoni hat mit Sicherheit keine Ahnung von den biblischen Hintergründen und Befunden des Samuel, die die Geschichte von David und Goliath beschreiben. Ich aber, Messer Leonardo, habe das Alte wie das Neue Testament eingehend studiert! Und bei meiner Skizze sind ja die biblischen Attribute weitaus klarer erkennbar als bei dieser »Missgeburt« eines elenden Pfuschers, der sich Steinmetz nennt ... Und außerdem habe ich ja große Kenntnisse in der Anatomie, die folgendermaßen besser umgesetzt worden wären ...

Davids Körper wäre entspannter erschienen.

Die Schleuder über der linken Schulter hätte die kampfbereite Stellung gegenüber Goliath besser signalisiert.

Die hervorstehenden Adern der rechten Hand wären – mit einem sichtbaren Stein – stärker herausgemeißelt gewesen.

Die Nacken- und Gesichtspartien, straffen Halssehnen und angespannten Lippen- und Nasenflügel sowie die gerunzelte Stirn hätte man nicht nur anatomisch besser, sondern auch gemäß der Bibel authentischer formen können ...«

Nicht genug damit: Mein Vater spottete dann noch über die Person Michelangelos, was aber ganz klar seiner Rivalität und der Entscheidung entsprang, nicht die Aufgabe, wie ursprünglich vom Gonfaloniere bestimmt, selbst übertragen bekommen zu haben, sondern sein Rivale Michelangelo.

»Als ich, Leonardo, mit 30 Jahren Florenz verließ, war Michele Agnolo di Lodovico Buonarotti ein siebenjähriger Knabe, der im Marmorsteinbruch von Settignano nicht die Kunst des Steinmetzes, sondern die des Steinhauers erlernte.

Dieser Steinbruch gehörte seinem zwar adeligen, aber wahrlich nicht wohlhabenden Vater. Als ich dann nach 18, überaus erfolgreichen Jahren in Norditalien nach Florenz zurückkehrte, meinte Herr Buonarotti, ein erfolgreicher Bildhauer zu sein ... Von Domenico Ghirlandaio hat er das Saufen und Raufen gelernt und hätten ihn nicht die Medici unter seinen Schützlingen gehabt, wäre er heute die Null, die ihm zusteht ...

Und jetzt? Seht Euch doch den Karton im Sala Grande im Sant'Onofrio an! Er versteckt ihn ja auch immer wieder, damit niemand erkennen kann, was dieser angebliche Künstler tatsächlich zu malen imstande ist:

eine Menge nackter Gestalten, die sich zur Kühlung im Arno baden, plötzlich infolge eines feindlichen Überfalles den Schlachtruf im Lager ertönen hören; und während die Soldaten aus dem Wasser springen, um sich anzukleiden, sieht man sie in ›Herrn Michelangelos göttlicher Kunst dargestellt …‹ In den allerseltsamsten Stellungen, die einen aufrecht, andere kniend oder verbogen, andere stürzend oder in die Höhe kletternd in den schwierigsten Verkürzungen …

Und das soll sich mit meiner Kunst vergleichen lassen? Bürger von Florenz: So kann man die Schlacht von Cascina nicht als Ruhm, sondern als Schande für unser Florenz gelten lassen …«

Selbstbewusste, ja fast schon kriegerische Töne, die ich ihm in diesem Ausmaß nicht zugetraut hätte. War ich enttäuscht, schockiert – oder doch stolz auf ihn?

Die Beleidigungen und Faustkämpfe gingen auf den Misserfolg meines Vaters mit der Sforza-Pferd-Skulptur in Mailand sowie auch auf seine Haltung innerhalb der David-Kommission zurück.

Beide Gemälde, die Anghiari Schlacht im Auftrag an Leonardo sowie die Cascina Schlacht von Michelangelo, kamen über den Status von Zeichnungen auf Kartons nicht hinaus …

Und trotzdem zeigte mein Vater Respekt für seinen wohl unangenehmsten Rivalen in Florenz, Michelangelo, indem er mir folgenden Ausspruch mit auf den Weg gab:

»Sohn, merke dir: Halte dir immer vor Augen, was du von jemandem lernen könntest, selbst wenn es dein Todfeind wäre …«

Leonardo war aber in Gedanken bereits um einige Schritte weiter.

Um viele Schritte.

Er war schon längst wieder bei seiner Passion: den Militärwissenschaften.

Er empfahl sich als ausgewiesener Experte in der militärischen Operationsführung und Taktik, dem Festungsbau, der Militärgeografie, der sogenannten Polemologie oder der Soziologie des Krieges, der Wehrtechnik und Rüstung sowie der militärischen Logistik.

Zunächst focht er noch so manche Unfreundlichkeit mit Piero Soderini aus, der inzwischen zum Premierminister der Republik Florenz ernannt wurde; ein aufrechter aber fantasieloser Mann. Beide Männer behandelten sich nicht immer sehr freundlich.

Geldnöte hatten wir keine. Mein Vater hob am 4. März wieder einmal 50 Golddukaten ab, von denen er vier an seinen Freund, den Miniaturmaler Attavante di Gabriello, verlieh.

Der beschauliche Alltag allerdings trog: Ein riesiges Projekt schwirrte im Kopf meines Vaters herum: den Lauf des Arno so zu verändern, dass Pisa vom Meer abgeschnitten wurde.

Und ein weiterer Freund und jahrelanger Wegbegleiter, Niccolo Machiavelli, inzwischen die rechte Hand von Soderini in militärischen und politischen Angelegenheiten, war offizieller Projektleiter. Machiavelli schwärmte von den Arbeiten Leonardos als Ingenieur für Cesare Borgia und den gegen Pisa gerichteten Plan hatten die beiden schon vor Jahren bei ihrem Treffen in Imola ausgeheckt.

Pisa war 1494 von Piero de Medici vorübergehend an die Franzosen abgetreten worden und hatte seine Unabhängigkeit erklärt, als die Franzosen im folgenden Jahr aus Italien abzogen. Die Bemühungen der Florentiner die Stadt zurückzugewinnen, scheiterten kläglich. Die Pisaner konnten einer Belagerung beliebig lange standhalten, da sie Lebensmittel und sonstigen Nachschub über ihren Hafen an der Mündung des Arno beziehen konnten.

Daher die fantastische und völlig logische, aber technisch anspruchsvolle Strategie, den Fluss umzuleiten. Und wie es Machiavelli ausdrückte: »die Pisaner muss man von ihrer Lebensquelle abschneiden …!«

In Begleitung meines Vaters befand sich der geniale wie chaotische Giovanni di Andrea Cellini, auch *Piffero*, genannt.

Warum ihn mein Vater aushielt, hatte ich nie begriffen. Mir war er einfach unsympathisch und ich wurde das Gefühl nicht los, dass er auf Kosten unserer Familie ein ziemlich ausschweifendes Leben führte. Oder weil er der Vater des berühmten Bildhauers Benvenuto Cellini war, der tatsächlich Mitglied der *pifferi* oder Flötenspieler der Signoria war.

Diese Pifferi, auch *Trecento Madrigal* genannte Musikform, in der die Oberstimme die Hauptstimme singt und darstellt, war – wie es mein Vater nannte – »ein raues und grässlich klingendes, ungeordnetes Zusammensingen«.

Und so verfeinerte er diese Form von Musik in eine neue Art von Lyrik, mit zwei bis drei Oktaven zu einer der berühmtesten Liebeslyriken von Italien.

Und dann befasste er sich noch mit dem alten, mathematischen Problem der Quadratur des Kreises. Was, meinem Vater zufolge, wegen der Unbestimmtheit der Kreiszahl π mathematisch unmöglich sei. Und trotzdem: In einer dramatischen, nächtlichen Notiz, die er senkrecht zwischen geometrische Figuren zwängt, hält er in seinem abgegriffenen, fetten, in Leder gebundenen Notizbuch fest: »In der Nacht des Andreastags am 30. November beendete ich die Quadratur des Kreises und das Licht war zu Ende und die Nacht, und das Papier, auf dem ich schrieb: Es war zu Ende am Ende der Stunde. Das Kerzenlicht erlischt, die Morgendämmerung bricht an, aber das Ende wird sich wie stets nur als vorläufig erweisen. Das Ende ist der Anfang vom Ende ...«

22. Donna Lisa

Mein Vater tobte, brüllte, Speichel rann ihm aus dem Mundwinkel – so hatte ich in noch nie erlebt.

Vor ihm stand, schlotternd am ganzen Körper und kreidebleich im Gesicht, Francesco del Giocondo, ein steinreicher, hochangesehener florentinischer Seidenhändler und Politiker.

Nun, eigentlich hatte del Giocondo Leonardo nur gebeten, ein Bildnis seiner geliebten, dritten Frau zu malen …

»Ich habe schon vor Jahren kundgetan, dass ich des Pinsels überdrüssig bin. Ich bin mit dem Feldlager und der Baustelle in Pisa voll ausgelastet; ich muß die erforderlichen Schaufelmengen und die nötigen Schleusenmaße berechnen, um einem großartigen Kriegsprojekt zum Erfolg zu verhelfen …«, bellte er den armen Francesco an.

Dessen Ansuchen entsprach – im Gegensatz zu anderen Florentinern, die nur ihre Eitelkeit in Öl bewundern wollten – einer eindeutigen Liebesheirat und der Geburt eines Sohnes von Lisa del Giocondo, welche er am 5. März 1495 geheiratet hatte.

Lisa del Gherardini wurde am 15. Juni 1479 in Florenz, in der Via Maggio, als Tochter des Grund- und Weinbesitzers Antonmaria di Noldo Gherardini und seiner dritten Gattin Lucrezia del Caccia geboren. Lisa war kaum 16 Jahre alt, als sie 1495 den um 20 Jahre älteren Florentiner Geschäftsmann Francesco di Bartolomeo del Giocondo heiratete; Seidenhändler und Mitglied des *popolo grasso*, dem sogenannten »fetten Volk«.

Es muss Liebe gewesen sein, denn im damaligen Florenz heiratete man in erster Linie, um aus diesem Bund reicher und mächtiger hervorzugehen.

Ihr Vater Antonmaria entstammte einer begüterten, aristokratischen Familie, die das Weingut Chianti in der Toskana besassen.

Lisas Aussteuer bei der Hochzeit betrug 170 Florin sowie die Weingüter in der Toskana.

War sie auch damals, am 23. Mai 1498, dabei, als man Savonarola zuerst erwürgte und dann verbrannte, ehe seine Asche im Arno versenkt wurde?

Wer war diese, nach außen bieder wirkende, mystisch anmutende Person eigentlich?

Sie sah oft verdrossen aus mit ihren herabgezogenen Mundwinkeln.

Francesco und Lisa hatten ihr Haus in unmittelbarer Nähe des Medicipalastes im Zentrum von Florenz. Ausgelassene Feste waren an der Tagesordnung; Maler, Gaukler und Musiker hatten eine auftragsreiche Zeit vor sich.

Bis dann Savonarola Florenz als Gottesreich auf Erden ausrief, Masken und Kostüme in der Karnevalszeit verbot, Spiele, Bilder und Bücher einfach verbrennen ließ. Einige Künstler hörten auf zu malen und wären wahrscheinlich verhungert, hätten nicht einige der reichen Familien von Florenz für Unterschlupf und weitere Arbeit gesorgt.

Lisa hatte einen Sohn geboren, die Geschäfte liefen gut, da ganz Florenz Kleider nach der neuesten spanischen Mode wollte und Herrn Giocondos Seide zählte zu der kostbarsten und begehrtesten in ganz Italien.

Und trotzdem: Mein Vater wies ihn schroff ab.

Stolpernd und Entschuldigungen stammelnd verliess Giocondo rückwärts gehend, gebeugt unsere Heimstätte. Ich war schockiert.

Vater widmete sich wieder verstärkt der Anatomie. Notizen zur Physiologie dieser »Muskeln, die man Lippen nennt«. Und er produzierte neun Münder und Lippen, die lächelten.

Gab dies den Anstoß dazu, dass er sich dann doch entschloss, Donna Lisa del Giocondo zu malen?

Er war oft zu Gast im Stadthaus der Familie Giocondo in der Nähe der Kirche Santa Trinità in der Via di Parione sowie am Landsitz in San Donato in Poggio bei Greve, 32 Kilometer südlich von Florenz.

Oder hatte mein Vater verstanden, dass sein Auftritt vor einigen Monaten doch zu übertrieben war und Francesco ein seriöser, tüchtiger Geschäftsmann war, den man nicht ohne Grund so abkanzelte.

Er war nicht nur erfolgreich im Tuch- und Seidenhandel, sondern kannte sich auch mit der damaligen Mode aus; mit der sogenannten spanischen Mode, die aus dunkler Kleidung und Schleiern bestand und an die Hochzeit von Lucrezia Borgia und Alfonso d'Este erinnerte und der letzte Schrei waren.

Und Francesco Giocondo war genau der Kunde, den sämtliche Florentiner Maler sich wünschten – nur mein Vater nicht.

Vor allem der junge Raffaello da Urbano Santi, geboren am 6. April 1483 in Urbino, 40 Kilometer südwestlich von Pesaro an der Adriaküste, weckte in meinem Vater erhebliche Konkurrenzgefühle, Rivalität und Nebenbuhlerschaft: Hatte er doch in der Lehre unter meinem Vater gelernt, Frauen- und Heiligenbilder zu perfektionieren: sei es nur die Federskizze der *Jungen Frau auf dem Balkon* oder *Die Dame mit dem Einhorn*, das Gemälde der *Maddalena Strozzi* oder *La Muta* ... Alle ließen darauf schließen, dass sie meinen Vater nicht stolz auf seinen Schüler, sondern eher in großem Stil eifersüchtig machten.

Während dieser Zeit war Leonardo noch auf den Spuren von verdächtigen, niemals wirklich geklärten Kriminalfällen, wobei ich mir nicht sicher bin, ob er nicht selbst – allerdings aus weiter Ferne – seine Hand bei dem einen oder anderen Fall im Spiel hatte ...

Am Ostersonntag, den 26. April 1478, besuchten mein Vater und seine Mutter Catarina Buti den österlichen Gottesdienst in der 1099 errichteten, im romanischen Baustil erbauten Kirche San Babila in der Corso Monforte im Herzen von Mailand.

Anschließend speisten sie in der kleinen Trattoria Don Alfredo gleich hinter der Kirche. Die Stimmung war ausgelassen, meine Großmutter war fröhlich, lachte, genoss die Frühlingssonne und den guten Wein. Sie hatte ihren Sohn schon lange nicht mehr gesehen und so erzählte sie ihm eine Geschichte aus seiner Kindheit. Das Ereignis war verblüffend: Bevor Leonardo Mama oder Papa sagen konnte, plapperte er immer wieder das Wort »Weih« vor sich hin. Sein Vater kannte einen Professor aus seiner Anwaltskanzlei und fragte ihn, ob er denn wüsste, was »Weih« hieße oder sei. Dieser runzelte kurz die Stirn, bevor er laut prustend hervorstieß: ›Weih‹ sei ein gabelschwänziger Rotmilan, ein Vogel mit bestechenden Flug- und Gleitbewegungen. Ein Mäusebussard, ein großer Greifvogel aus der Familie der Habichte. Aufgrund seiner langen Flügel und seines langen Schwanzes ergibt sich speziell bei der Beutesuche ein imponierendes, elegantes Flugbild.«

Leonardos Vater war perplex. Also hatte der kleine Leonardo schon damals den »Traum vom Fliegen« im Blut.

Und so genossen mein Vater und meine Großmutter den herrlichen, sonnigen Ostersonntag in Mailand.

300 Kilometer weiter südlich allerdings bahnte sich eine Tragödie an.

Auch im Dom von Florenz wurde der Ostersonntagsgottesdienst gefeiert, als plötzlich ein Tumult in der Kirche ausbrach.

Als der Priester die Hostie hob und die Glocke zur Wandlung ertönte, zog ein Mann namens Bernardo di Bandino Baroncelli einen Dolch unter seinem Mantel hervor und stieß ihn Giuliano de Medici, dem jüngeren Bruder von Lorenzo de Medici, in den Leib. Als der zurückwich, stach ein zweiter Mann, Francesco de Pazzi, immer wieder heftig auf ihn ein.

Später zählte man 19 verschiedene Wunden an seiner Leiche. Auch auf Lorenzo wurde ein Mordanschlag verübt. Doch die beiden Mörder, zwei unzufriedene Priester, verfehlten ihr Ziel nur knapp. Aus einer Halswunde heftig blutend wurde er von Angelo Poliziano in die nördliche Sakristei gebracht und war in Sicherheit, als man die schweren Bronzetüren hinter ihm schloss. Bei dem Handgemenge wurde ein Freund Lorenzos, Francesco Nori, tödlich verwundet. Und zwar gleichfalls durch Bernarado de Bandinos Dolch.

Der Tag der Pazzi-Verschwörung war geboren, auch Aprilkomplott genannt: der verzweifelte Versuch, einen Staatsstreich gegen die Herrschaft der Medici, angestiftet von der reichen Florentiner Kaufmannsfamilie Pazzi, heimlich unterstützt von Papst Sixtus IV. und unter Beteiligung diverser Medicigegner, darunter der Erzbischof von Pisa, anzustrengen.

Als Drahtzieher wurden auch die Familie Salviati, päpstliche Bankiers in Florenz – und zu meiner großen Verwunderung – auch mein Vater genannt. Er und Girolamo Riario, Herrscher von Imola und Forli, waren enge Freunde und hatten sich des Öfteren, vor allem in Imola, getroffen, um die Zustände in Florenz zu diskutieren. Ob dabei allerdings auch Mordpläne gegen die Medici geschmiedet wurden, konnte ich nicht glauben.

Aber auszuschließen war es nicht.

Jedenfalls ist sicher, dass Girolamo Riario mit Hilfe des Pontifex Alexander VI. einen »Familienstaat mit kirchlicher Jurisdiktion« und unter Mithilfe von Leonardo gründen wollte

Zugleich wollte er den derzeitigen Papst stürzen und einen Günstling auf den Papstthron hieven. Aber es sollte anders kommen.

Die kurz darauf erfolgte Wahl zum Papst von Francesco della Rovere erfolgte nach nur dreitägigem Konklave, wobei Wahlmanipulationen in großem Stil im Kardinalskollegium auf der Tagesordnung standen. Auch sein dreizehnjähriges Pontifikat war von ausschweifenden Festen und Bevorzugung von Familienmitgliedern geprägt. Sechs der insgesamt 34 Kardinäle waren aus dem engsten Familienkreis, der Rest Adelige aus Pisa, Genua und Venedig.

Anlässlich der Hochzeit seines Sohnes Girolamo Riario mit Catarina Sforza überschrieb er ihm Imola und Forli. Zwei Jahre später ernannte er ihn zum Kardinal, was dieser nutzte, um eine eigene Kardinalspartei aufzubauen.

Und immer wieder traf er sich mit meinem Vater, um die komplexe Situation zwischen Florenz und dem Vatikan zu erörtern.

Auch ein weiterer Intimfreund, Federico da Montefeltro, Herzog von Urbino und päpstlicher Condottiero, zuvor eher den Medici zugetan, hörte nun auf meinen Vater als »berühmten Kriegsstrategen«, der ihm empfahl, 600 Soldaten vor Florenz in Stellung zu bringen, sollte »etwas Ungeheuerliches« passieren.

Trotzdem: Der Staatsstreich war gescheitert.

Zwei Tage später, am 28. April, erhielt Lorenzo de Medici – durch Vermittlung meines Vaters – diskreten Besuch aus Mailand: Ludovico Sforza sprach Lorenzo sein Beileid aus und versprach ihm seine Unterstützung.

Drei der vier Mörder im Dom wurden noch in derselben Nacht gefasst und starben am 5. Mai.

Nur der vierte, Bernardo di Bandino, hatte Glück.

Er versteckte sich im Glockenturm des Doms, nur wenige Meter vom Ort der Morde. Danach konnte er unerkannt aus Florenz fliehen und schlug sich an die adriatische Küste nach Senigallia durch und verließ Italien auf einem Schiff.

Mein Vater, in der Zwischenzeit ein Freund des Herrschers von Konstantinopel, hörte, dass sich Bernardo dort aufhalten sollte. Der Florentiner Konsul in Konstantinopel Lorenzo Carducci entfaltete sein diplomatisches Geschick und mit Hilfe und Fürsprache von Leonardo da Vinci überbrachte er jede Menge Geschenke und schon bald wurde Bandino von den Offizieren des Sultans verhaftet. In Ketten brachte man ihn nach Florenz; er wurde verhört, gefoltert und am 28. Dezember 1479 an einem Fenster auf der Piazza Signoria gehängt.

Und mein Vater war anwesend.

Leonardo muss da gewesen sein, denn er fertigte eine Skizze des gehenkten Bandino an und diese ist freilich vor Ort entstanden.

In der oberen, linken Ecke der Skizze ist pedantisch aufgeführt, was Bandino bei dieser Gelegenheit trug: »ein kleines, beiges Barett, ein Wams aus schwarzer Seide, einen blauen Mantel mit einem Besatz aus Fuchsfell, sowie eine schwarze Kniehose.«

Trotzdem verlieh die Skizze dem Leichnam eine gewisse, merkwürdige Ruhe. Bandinos dünnes Gesicht mit dem nach unten gezogenen Mundwinkel – eine physiologische Meisterleistung, dramatische Aussichtspunkte über einen Fehler, den er begangen hatte. Leonarados anatomisches Wissen erlebte darin einen seiner Höhepunkte.

Was wollte mein Vater mit dieser Skizze?

Hatte er einen Auftrag dafür bekommen?

Wenn ja, von wem?

Er hat es mir niemals verraten ...

Eine weitere, undurchsichtige Gestalt war Giuliano de Medici, der aus dem Exil versuchte, Florenz zurückzuerobern. Mit der Unterstützung meines Vaters?

Kaum. Denn dieser war mehr an Anatomie, Bombenkonstruktionen und Unterseebooten statt an einer politischen Zukunft interessiert.

Eine Frage, die meinen Vater trotzdem beschäftigte: Hatte der junge Medici eine Affäre mit Donna Lisa Giacondo, geborene Gherardini? Die beiden waren zumindest im gleichen Jahr geboren und trafen sich in regelmäßigen Abständen, zumal auch ihre Familien untereinander verschwägert waren.

Aber Lisa konnte unmöglich die Geliebte des Giuliano de´Medici gewesen sein.

Oder doch? Immerhin hatten sie sich als Teenager getroffen und wurden durch unglückliche, politische Umstände voneinander getrennt.

Oder hatte sogar mein Vater eine Liaison mit Monna Lisa?

Im Frühjahr des Jahres 1500 war Giuliano in Venedig und traf dort Leonardo in seinem Atelier. Dort bewahrte mein Vater eine unvollendete Skizze einer Florentinerin auf der Stafette, was Giuliano sicher an seine verflossene Jugendliebe Lisa, eben jener Florentinerin, erinnerte.

Oder Giuliano glaubte, in der Skizze seine schöne und kluge Ex-Geliebte Isabella Gualanda, eine Neapolitanerin, die ihn schon mehrmals bezirzt hatte, zu erkennen? Oder war es Cecilia Galleriani, die für Vater keine Unbekannte war?

Nein, es war sicher Frau Monna Lisa. Ein Gemälde, das Vater lange Zeit durch verschiedene Ateliers begleitete. Und wenn Gelegenheit und Zeit es erlaubten, so holte er es hervor, um es zu überarbeiten und zu überdenken und Dinge hineinzusehen, die er bis jetzt nicht gesehen hatte. In den Zeiten langer Meditation erhielt das Bild jene subtilen Töne und Bedeutungsnuancen, die man erahnt, aber nicht zu definieren vermag.

Die verstrichene Zeit hatte sich auf dem Porträt niedergeschlagen: das Abendlicht, das auf ihr Gesicht fällt, die Berge im Hintergrund und natürlich dieser Anflug eines Lächelns, das immer nur einen Augenblick entfernt davon scheint, ein wirkliches Lächeln zu werden – ein zukünftiger Augenblick, der niemals kommt …

Ich vergötterte Vaters Gemälde über alle Maßen.

Ich fühlte mich wie ein Schuljunge vor einer Herzogin.

Es faszinierte und verwirrte mich gleichzeitig.

23. Sultan Beyazid II.

»Ich, Euer Diener, habe gehört, dass Ihr die Absicht habt, eine Brücke von Stambul nach Galata zu bauen, und dass Ihr es noch nicht getan habt, weil Ihr niemanden gefunden habt, der dafür fähig wäre.

Ich, Euer Diener, weiß, wie das geschehen kann. Ich würde sie so hoch wie ein Gebäude bauen. Ich werde sie so bauen, dass Schiffe darunter hindurch fahren können, selbst wenn alle Segel gesetzt sind … Ich würde eine Zugbrücke bauen, sodass man an die anatolische Küste gelangen kann, wenn man es will. Möge Gott, dass Ihr meinen Worten Glauben schenkt und in mir Euren Diener seht, der stets zu Euren Diensten ist.«

So lautete der Wortlaut eines Briefes von meinem Vater an den Sultan des Osmanischen Reiches, Beyazid II., dessen Vater Mehmed II. am 29. Mai 1453 Konstantinopel eroberte und zur neuen Hauptstadt machte.

Irgendwie kam mir der Wortlaut bekannt vor. So oder ähnlich hatte mein Vater seine Dienste und technischen Fachkenntnisse Ludovico Sforza angeboten.

Hier aber geht es um eine Brücke über das Goldene Horn. Er zeigte mir den Plan für diese Brücke und vor allem die verblüffenden Maße: »40 Ellen breit, 70 Ellen hoch über dem Wasser, 600 Ellen lang; davon 400 über dem Meer und 200 Ellen an Land, wo sie sich stützt.«

Vermesser hatten ebenfalls exakt diese Maße errechnet, wobei sich beide auf das alte Naturmaß, dem Abstand vom Ellbogen zur Mittelfingerspitze, stützten.

Es wäre demnach die größte Brücke der Welt gewesen.

Allerdings kam meinem Vater auch dabei Michelangelo in die Quere. Im Vorjahr war ein Gesandter des Sultans in Rom zu einer Unterredung mit Papst Alexander VIII anwesend. Dabei wurde der Wunsch deponiert, einen italienischen Ingenieur für den Brückenbau zu gewinnen.

Der Papst nannte Michelangelo als potentiellen Architekten ...

Und dieser hatte auch bereits die Absicht geäußert, »nach Konstantinopel zu reisen, um dem Großsultan zu dienen ...«

Aber Leonardo hatte den besseren Fürsprecher: Cesare Borgia. Er entwarf eine Skizze und bot auch sogleich seine Expertise und Erfahrung an. Und zwar: die Alidosi Brücke in Castel del Rio auf der Straße von Imola nach Florenz. Diese war zwar noch nicht fertig, aber das störte meinen Vater in seiner bombastischen Darstellung überhaupt nicht.

In Wahrheit aber hatten Cesare und Leonardo eine völlig andere Strategie beziehungsweise völlig anderen Plan im Kopf: Sie wollten vom Sultan einen »Kaperbrief«. Seit nunmehr 200 Jahren gab es in dem praktisch rechtsfreien Zustand auf See eine ganz spezielle Art der Seekriegsführung. Der Kaperbrief war ein Dokument, das ein Regierungsoberhaupt einem Privatmann ausstellen konnte. Darin wurde eine berechtigte Kaperfahrt verbrieft, die es erlaubte, andere Schiffe zu kapern, auszurauben und notfalls zu versenken. Ein Teil der Beute musste der »Kaperkapitän« an den ausstellenden Staat abführen. Der ursprüngliche Sinn lag darin, die Piraterie einzudämmen.

Cesare und Leonardo planten allerdings, beide Mittel zum eigenen Vorteil einzusetzen, um damit »eine alte Rechnung zu begleichen ...«

So baten sie den Großwesir Karamanli Mehmed Pascha, der Sultan möge ihnen – praktisch als Gegengeschäft – einen solchen Freibrief unterzeichnen.

War es Zufall oder Verrat? Der Großwesir und auch der Sultan und sein Brückenwunsch waren verstummt.

Was die beiden ursprünglich im Schilde führten, nämlich einen Handelskrieg in den Gewässern vor Konstantinopel gegen die verhassten Genuesen und ihre osmanischen Verbündeten anzuzetteln, war kläglich gescheitert.

24. Leda

Schon früh begann Leonardo, für Kurtisanen und Mätressen bestimmte Zeichen, Regeln und Verhaltensmaßnahmen zu entwerfen.

Dabei unterstützte ihn die Lektüre des Herzogs Amadeo VIII. von Savoyen, genannt *Il Pacifico* und der letzte katholische Gegenpapst, Felix V.

Und so begann er, die Formalitäten des Codex *cortesane honeste, cortesane putane, cortesane da candella e de lume* auszuarbeiten und umzusetzen.

Er unterschied ganz klar zwischen »ehrbaren Kurtisanen« und jenen »der Kerzen und des Lichtes«.

Die »ehrbaren Kurtisanen« qualifizierte er als schöne, gebildete und angesehene Mätressen reicher und mächtiger Männer.

Wenig bis kaum interessierten ihn Straßen- oder Bordellprostituierte, eben jene der »Kerzen und des Lichtes«, die erst nach Einbruch der Dunkelheit auftauchten.

Und dann fand ich zufälligerweise eine Steuererklärung meines Vaters, die an einer Skizze festgemacht war. Das Bildnis hieß *Leda* und das Gesicht des weiblichen Aktes kam mir bekannt vor.

Neugierig forschte ich nach, um wen es sich dabei handeln könnte …

Es war hinlänglich bekannt, dass Künstler gelegentlich – so auch mein Vater – auf Prostituierte als Modelle zurückgriffen.

Es handelte sich eindeutig um Donna Cremona, eine stadtbekannte Prostituierte.

Ich betrachtete eine Studie der *Leda mit dem Schwan*.

Vaters erste Zeichnung im Vergleich mit einer neueren Skizze?

Nein, das war doch nicht dasselbe Gesicht, oder doch? Als ich etwas genauer hinschaute, gefror mir das Blut in den Adern: ganz klein, unten links – völlig ungewöhnlich fand ich die Zeichen *mlbs*. Und das war niemand Geringerer als der Todfeind von meinem Vater: Michelangelo di Lodovico Buonarroti Simoni …

Beide Künstler verfolgten das gleiche Ziel. Nur bei meinem Vater stand die Dame, bei Michelangelo lag sie.

Offenbar war hier ein Malerstreit um ein Modell entstanden, dessen Auftrag nur eine hochgestellte Persönlichkeit gegeben haben konnte. Wer das war, erfuhr ich nie.

Bevor ich aber dieses Geheimnis lüften konnte, wollte ich zunächst wissen, wer diese *Leda* war. Zeus, oberster olympischer Gott, verliebte sich in die bildhübsche Leda, Tochter von König Thestios. Er näherte sich ihr als Schwan, schwängerte sie, worauf sie die Zwillinge Castor und Pollux gebar.

Alles schien darauf hinauszulaufen, dass Michelangelo wie auch mein Vater diese Version der griechischen Mythologie zu ihrer eigenen machten und ein Verhältnis mit Donna Cremona hatten.

Es war zwar nicht Vaters Stil, aber er verblüffte mich immer wieder mit seinen teilweise versteckten, teilweise offenen Frauengeschichten ...

25. Francesco

Ruhig, gewissenhaft, gründlich, vorsichtig und trotzdem ungemein zielstrebig und hartnäckig im Erreichen seiner Ziele: Francesco.

Genau die konträren Charakteristika zu mir: Paolo.

War er mein Bruder? Halbbruder? Mailänder oder Florentiner?

Mein Vater nannte ihn seinen »Lieblingsschüler«.

An der Ecke zum Park Giardino Orti Oricellari und der Via della Scala, keine 80 Schritte von der berühmten Apotheke Farmacia di Santa Maria Novella, befand sich die älteste Bierstube von Florenz: das *Rifrullo*.

Dort begegneten wir uns zum ersten Mal. Und zwar gleich mit einer deftigen Schlägerei. Wer ursprünglich den Streit begonnen hatte, konnte dann am Polizeiposten nicht mehr eruiert werden, da sämtliche Zeugen, welche vom Kriminalinspektor befragt wurden, schwere Gedächtnislücken aufwiesen. Aufgrund meiner Strafakte sowie dem Aufenthalt in einem Gefängnis in Bologna fiel die Schuld zunächst auf mich. Francesco blutete noch immer aus Stirn und Nase; doch auch ich konnte mich an nichts erinnern. Meine Hände hatte ich noch auf der Toilette im *Rifrullo* gewaschen; meine Ärmel nicht mehr.

Ich wusste, es ging um Vaters zukünftigen Nachlass, den wir beide beanspruchten. Francesco provozierte mich immer wieder damit, dass er nicht nur der »Lieblingsschüler«, sondern auch der »Lieblingssohn« von Leonardo sei, und dieser das auch der feinen Gesellschaft von Florenz, Mailand und Rom immer wieder bestätigte.

War er jetzt Vaters Privatsekretär oder ich?

Da die große Anzahl der konsumierten Biere meinen sonst so klaren Verstand noch immer blockierte und Francesco keinen Kommentar abgab, blieb es bei einer Verwarnung und wir wurden entlassen.

Und so saßen wir einige Minuten später – diesmal friedlich – wieder im *Rifrullo* und beratschlagten die weitere Vorgehensweise. War es nun eine Familien- oder eher eine Firmenangelegenheit?

Ich kannte Francesco viel zu wenig, sodass ich ihn bat, mir einiges aus seinem Leben mit Leonardo zu erzählen.

Wir versoffen jeder noch eine Lira, was den monatlichen Brotbedarf einer vierköpfigen Familie abdeckte. Oder sechs Kilo Fleisch, 20 Flaschen Landwein oder zweieinhalb Kilo Kerzenwachs.

Vater, immer gut bei Kasse, rechnete allerdings nur in »venezianischen Dukaten«, was exakt vier Lira entsprach. Und das war viel Geld.

Als ich einmal zufällig eine Rechnung in der Kammer fand, wunderte ich mich über seine doch großzügigen Ausgaben: Ein 600 Seiten Folioband über Mathematik kostete ihn sechs Lira. Um 15 Lira kaufte er sich einen silbernen Mantel mit grünem Samtbesatz. Dann fand ich zu meiner großen Überraschung die Kosten von 160 Lira für ein Pferd!? Wo war dieses edle Tier?

Ein hoher Beamter der Stadtregierung verdiente elf Lira im Monat. Weiters fand ich eine Steuererklärung, die mein Vater offenbar für seine guten Freunde der Familie Strozzi gemacht hatte: Das Herrenhaus in Florenz gab er der Steuer mit einem Wert von 100 000 Lira an, was sicher stark untertrieben war. Warum aber tat er das eigentlich? Wurde er dafür bezahlt? Auch Pachtverträge der Medici hatte er bearbeitet, deren Ziffern in die Hunderttausenden gingen.

Mir war das alles mehr als schleierhaft. Aber vielleicht wusste Francesco mehr!

Wir bestellten noch einige Krüge Bier, bevor er endlich ansetzte, mir seine Version über die Verbindung zu Leonardo zu erzählen ...

Irgendwann im April vor sechs Jahren traf König Ludwig in Mailand ein, wobei Vater im Vorfeld als Spaßmacher fungierte, Umzüge mit Choreografien ausstattete, Bögen aus Wappen und Pflanzen aufstellte, Bilder mit Heiligen organsierte, Maskenträger und Tänzer dirigierte und eine Schauveranstaltung erster Güte auf die Beine stellte. Der König wusste es zu schätzen und nannte ihn »meinen lieben, hochgeschätzten Freund Leonardo ...«

Vater, ehrlich genug, betrachtete derartige Siegesparaden und Klamauk nicht unbedingt als Ruhmestaten; aber sie brachten viel Geld und er konnte sich »der Freude nicht entziehen«, wie Francesco anführte.

Aber dann kam der Schock.

Er wurde von höchster Stelle beauftragt, das 1483 begonnene Gemälde der *Felsgrottenmadonna* fertigzustellen, was er im Zuge eines Auftrags der Bruderschaft der Unbefleckten Empfängnis, dem Franziskanerorden der Kirche San Francesco Grande in Mailand, vor Jahren unfertig zurückgelassen und sich damit mehr als unbeliebt gemacht hatte. Es war die Zeit, in der er »keinen Pinsel mehr anrühren« wollte ...

Ein – noch immer gültiges – Gerichtsurteil zwang ihn, die Arbeit nunmehr zu beenden. Aber auch die Bruderschaft wurde dazu verpflichtet, dem Künstler eine Nachzahlung von 220 Lira und eine Vorauszahlung von 100 Lira zu überweisen. Leonardo wollte sich – trotz der hohen Summen – noch immer nicht mit dem Projekt weiter befassen und rief ein Schiedsgericht an.

Und er bekam Recht: Die Bruderschaft wurde gerichtlich aufgefordert, dem »Herrn von Vinci« eine Gutmachung von weiteren 200 Lira anzuweisen. Außerdem hatten sie die Gerichtskosten zu decken und die Überweisung auf das Konto meines Vater im Hospital Santa Maria Nuova in Florenz zu tätigen.

Aber nicht genug damit: Unmittelbar darauf stritt er mit den frommen Brüdern über die künstlerische Gestaltung des Gemäldes. Ungeachtet wütender Einwände der Mönche vervollständigte Leonardo das Werk nach seiner Version.

Der Auftrag war ein dreiflügeliges Altarbild mit der Darstellung eines Jesusknaben und eines Johannesknaben. Maria sollte im Hintergrund vor einer dunklen Grotte unauffällig aufscheinen.

Aber wie so immer machte Vater genau das Gegenteil, wissend, dass die Richter auf seiner Seite und das Geld schon auf seinem Konto waren.

Er stellte die Personen, und vor allem Maria – was völlig unüblich war – in den Vordergrund. Der naturverbundene Leonardo, der fast alle seiner Porträts mit Landschaften kombinierte, spielte genial mit Licht- und Schatteneffekten.

Einer eher unheimlichen, kalten und finsteren Grotte setzte er die helle Lieblichkeit Marias entgegen. Die sehr mädchenhafte Maria war der Mittelpunkt des Bildes. Ihr Blick senkte sich auf den betenden Johannesknaben herab, den sie mit der rechten Hand umfasste, während sie die linke Hand schützend über den Jesusknaben hielt, der von einem Engel gestützt wurde. Faszinierend war wieder einmal der anatomische Einfluss: Die Figuren hatten durch Blicke und Gesten Kontakt zueinander, aber auch mit dem Betrachter, der somit in die anmutige Szene miteingebunden ist.

Für die Franziskanerbrüder war aber der Grund, dass die Knaben keinen Heiligenschein trugen, Anlass zu Kritik.

Leonardo war dies egal.

Für meinen Vater war damit ein weiteres, unrühmliches Malkapitel
für immer erledigt.

Und Francesco und ich, Paolo, hatten ausgesorgt.

Dann wurde mir ein Brief zugespielt, in dem mein Vater Francesco als
legitimen Sohn anerkannte

Francesco selbst nannte sich dann etwas später *Francisque de Melce*,
einen italienischen Edelmann, und verschwand kurz darauf aus meinem
Leben ...

Damit war die Erbfolge ein für alle mal geregelt.

26. Oratorium

Eines Abends kam Leonardo ziemlich aufgeregt nach Hause. Er hätte »einen Traumauftrag« vom Vizekönig Charles d'Amboise erhalten und das müsse er nicht nur verdauen, sondern auch »begießen«. Er verlangte sofort ein großes Glas Cascino Valdonata, seinem Lieblingsgrappa.

Nach dem ersten Schluck erwarteten wir, dass wir nun mehr über den »Traumauftrag« erzählen würde; stattdessen begann er über die ursprüngliche Herstellung dieses Tresterbrandes zu philosophieren. Leider war er 1491 nicht gut bei Kasse, als ein piemontesischer Notar seine wertvolle Destillationsanlage verkaufte. Vater wollte Grappa in größeren Mengen herstellen und vor allem an christliche und orthodoxe Kirchen verkaufen, da er genau dort den größten Konsum vermutete ...

Er trank das Glas in einem Zug leer und verlangte sogleich ein neues »für die Seelen der Verstorbenen«; das dritte Glas leerte er mit dem Spruch: »Gott soll für euch sorgen ...« Maturina und ich sahen uns ziemlich betroffen an.

Und dann kam die schon erwartete Mitteilung: Der Vizekönig hatte ihn beauftragt, ein Oratorium zu komponieren, welches seine Uraufführung in der Kirche Santa Maria alla Fontana erleben sollte.

»Was ist ein Oratorium?«, fragte Maturina ungläubig. Ich wusste auch nicht so recht Bescheid. Aber wir bekamen gleich darauf die Erklärung:

»Der Vizekönig wurde über meine Studien zur Herstellung des Letzten Abendmahls unterrichtet und schloß daraus, dass ich mich auch mit sakraler Musik beschäftigt hätte. Was auch stimmt – ich habe tatsächlich eine Revolution herbeigeführt. Im Gegensatz zur Oper legte ich größten Wert darauf, dass die Handlung in Texten und in der Musik stattfindet. Ich habe Texte poetisch geformt, häufig gereimt und habe das italienische Madrigal eingefügt.«

Waren wir jetzt einem seiner zahlreichen Späße aufgesessen oder entsprach diese Neuigkeit der Wahrheit?

Kurz darauf sollten wir es wissen: Wie bei vielen Unternehmungen begann Vater enthusiastisch, beendete aber das komplexe Unterfangen relativ bald, ohne jemals wieder das Gespräch darauf zu bringen ...

27. Flamme des Südens

»Beobachte die Flamme einer Kerze und betrachte ihre Schönheit.
Schließe kurz die Augen und schau wieder hin. Was du nun siehst,
war vorher nicht da, und was vorher da war, ist nun nicht mehr da.
Wer entzündet die Flamme stets neu, die doch ständig ausgeht?«

Anfang 1513 waren wir kurz wieder in Mailand. Mein Vater feierte seinen 61. Geburtstag zusammen mit seinem alten Freund Prevostino Viola, dem Domvikar und obersten, administrativen Verwalter des Doms.

Ich war der Meinung, dass mein Vater nunmehr etwas zur Ruhe gekommen war, zumal er sich jetzt in die Aufzeichnungen der Geometrie, Anatomie, Physik und hier vor allem in die Vervollständigung von Hydrogeräten zur Energieübertragung, Energiespeicherung sowie Bewegungszyklen der Strömungsgeschwindigkeit vertiefte, und mir auch keine Frauengeschichten in der letzten Zeit aufgefallen waren.

Aber ich hatte mich gründlich getäuscht. Das Dilemma begann unmittelbar ...

Prevostino Viola bewohnte ein feudales Haus in der Porta Nueva, knapp 20 Fußminuten vom Mailänder Dom entfernt, zwischen der Via Galileo Galilei und der Via Melchiorre Gioia gelegen. Außerdem befand sich in der Nähe das Ospedale Fatebenefratelli e Oftalmico, wo er nach wie vor seinen anatomischen Studien nachging.

Und Prevostino hatte eine ältere, aber ungemein attraktive Hausdame: Signora Ustina.

Die Mode war geprägt durch erotische Kleidungsstücke, wie sie Landsknechte trugen, und Frau Ustina hatte sich vollkommen dem Trend angepasst: Sie trug mal lange Überröcke mit Pelzsaum, dann wieder geschlitzte Hosen und Röcke, eng anliegende Kurzjacken und unterstützte die Geburtsstunde des Korsetts.

Die Farben waren bunt und grell und dann wieder elegant Schwarz.

Italien und Spanien wetteiferten mit immer gewagteren Modetrends und Leonardo war mehr als angetan von dieser Entwicklung.

So kam es, wie es kommem musste: Vater begann eine heftige Affäre mit Signora Ustina.

Gleichzeitig knüpfte er auch zarte Bande zu Barbara Stampa, einer treuen Sforza-Anhängerin und Tochter eines ehemaligen Schulfreunds meines Vaters, Filippo Stampa.

Die Situation änderte sich schlagartig, als ein Kurier aus Florenz in Mailand eintraf und meinen Vater über erfreuliche Entwicklungen informierte.

In Florenz stand das Pendel des politischen Glücks im Begriff, wieder zu Gunsten der Medici auszuschlagen, vertreten durch eine neue Generation: Giovanni und Giuliano und ihrem Vetter Giulio.

Nach acht Jahren im Exil kehrten sie zurück und hatten unmittelbar die Macht in einem unblutigen Coup übernommen.

Leonardos alter Freund und Gönner, der Gonfaloniere Soderini, verließ am 1. September die Stadt und begab sich in sein Exil an die dalmatische Küste.

Derweil Soderini Florenz unbemerkt verließ, schritt Giuliano de Medici durch ein anderes Stadttor zu Fuß in Florenz ein. Aber er schritt weder sofort zum Palazzo Medici noch zum Palazzo Vecchio. Nein, er suchte einen alten Freund und Verbündeten der Medici auf: Antonfrancesco degli Albizzi, ein anmaßender »Wendehals«. Kurz davor war er noch Fahnenträger bei Soderini, nun Geldmagnat und Verbündeter der neuen Medici und Einflüsterer im Vatikan.

Zu meinem völligen Unverständnis hofierte ihn auch mein Vater, und ich war schon gespannt, was er damit bezweckte. Gemocht hat er ihn nie, hat ihn aber doch für verehrungswürdig gehalten, solange es zu seinem Vorteil reichte.

Ein Understatement der besonderen Klasse.

Charakteristisch für Medici, vollzog sich der Machtwechsel wie bei einem Bankgeschäft mit ruhiger Effizienz.

Aber das politische Kalkül der neuen Medici in enger Zusammenarbeit mit Leonardo da Vinci war aber – noch nicht – ganz aufgegangen.

Papst Julius II. war nicht nur ein glänzender Militärstratege und Geldverschwender, sondern auch ein anerkannter Förderer der Kunst.

Mein Vater hatte davon gehört und bewarb sich noch aus Mailand um einige Großaufträge im Vatikan.

Vergebens. Er ging leer aus.

Zunächst.

Für den Neubau des Petersdoms engagierte der neue Papst Donato Bramante, für die Pietà Michelangelo und Raffael für die Arbeiten in den Privatgemächern im Vatikanpalast, den Stanzen.

Aber Julius II. hatte die Rechnung ohne meinen Vater gemacht. Neben drei offiziellen Töchtern war Julius II. auch Vater der unehelichen, 23-jährigen Felice della Rovere.

Gebildet und reich hatte sie doch als Mitgift 9 000 Dukaten.

Aber ebenso wie ihr Vater ignorierte auch sie Leonardo, zumal sie eine böse Intrige gegen Antonfrancesco Albizzi, dem einflussreichen Entscheidungsträger im Vatikan, im Schilde führte, in den sie zwar unsterblich verliebt war, der sie aber ständig abblitzen ließ.

Dieser hatte nämlich die blutjunge Silva Ruffini aus den Händen von Wegelagerern befreit und sie ab diesem Moment abgöttisch verehrt.

Diese Liebe wurde jedoch jäh unterbrochen: Hatte ihn Vater verraten, nachdem Antonfrancesco – ohne sein Wissen und Zutun – in Streit mit dem Papst geriet, worauf ihn dieser in den Kerker werfen ließ?

Mit Sicherheit hatte er seine Hände im Spiel.

Aber wie immer hatte mein Vater Glück im Unglück: Kaum einen Monat später, am 11. März 1513, wurde Giovanni de Medici als Leo X. zum neuen Papst gewählt.

Besser hätte es Leonardo nicht treffen können. Er selbst war noch in Mailand, der Bruder des Papstes Giuliano war in Florenz und Giovanni eben in Rom.

Bald darauf änderte sich die Situation dramatisch: Der Papst beorderte seinen Bruder nach Rom und ernannte ihn zum Gonfaloniere der päpstlichen Armee, was seine ständige Anwesenheit in Rom verlangte.

Und so kam es, wie es kommen musste. Mein Vater erhielt eine Einladung von Giuliano, zu ihm an den neuen Medicihof in die Ewige Stadt zu kommen.

Am Mittwoch, den 24. September 1513, reisten wir ab.

»Wir haben eine lange und anstrengene Reise vor uns.

Wir werden alte Freunde und Geschäftspartner aufsuchen.

Trotzdem tut es mir weh, jene Stadt zu verlassen, in der ich ein Drittel meines Lebens verbracht habe. Das nördliche und subtile Licht der Lombardei, meine Freunde, äußerst wohlhabende Herzöge und Gouverneure – und die Trauben auf meinem Weinberg, die jetzt zu reifen beginnen, und der Abend, der jetzt bereits ein wenig früher als erwartet anbricht ...«

Akribisch hatte er die 820 Kilometer lange Route festgehalten und erklärte mir seine Aufzeichnungen:

»Wir brechen am 24. September nach Lodi auf:

Entfernung	37 Kilometer
Dann weiter nach Piacenza	68 Kilometer
Stopp in Parma	65 Kilometer
Weiter nach Reggio Emilia	37 Kilometer
Stopp in Modena	32 Kilometer
Stopp in Bologna	52 Kilometer
Längerer Aufenthalt in Florenz	107 Kilometer
Treffen mit meinem alten Freund, Niccolo Machiavelli, auf der Apennin Querung	141 Kilometer
Stopp in Montefiascone	132 Kilometer
Knapp vor Rom in Civita Castellana	66 Kilometer
Medici Hof, Rom, Viale della Trinita dei Monti	83 Kilometer
Rund fünf Kilometer vom Vatikan entfernt	
Gewicht :	250 Kilogramm
Kosten:	13 Dukaten

Inhalt: Mona Lisa, Anna Selbdritt, Leda.

Mappen mit Zeichnungen, anatomische Blätter, Notizbücher, wissenschaftliche Instrumente, Möbel, 116 Bücher sowie Kleider.

Und verkaufe alles, was du nicht mitnehmen kannst.«

Wir kamen auf unserem Weg nach Rom am 18. Oktober in Florenz an.

Traurigkeit und Erinnerungen übermannten mich.

Nicht so meinen Vater. Er besuchte den Schuhmacher Francesco, den

Papierhändler Giorgio und wollte wissen, »ob der Priester Alessandro Amadori noch lebte ...« der Bruder seiner Stiefmutter Albiera.

Er war Leonardo noch bestens im Gedächtnis: Sie waren sich begegnet, als der Priester einen Brief von Vaters Geliebter, Isabella d'Este, überbrachte.

Wen er allerdings nicht traf, war Niccolo Machiavelli. Niccolo war sehr eng mit Soderini verbunden, dessen Freundschaft mein Vater aufkündigte, als er Florenz wieder einmal verließ. Niccolo wurde schon ein Jahr zuvor, nämlich im November 1512, aus seinem Amt entlassen. Im Februar 1513 beteiligte er sich an einer Verschwörung gegen die Medici, die von Pietro Paolo Boscoli und Agostino Capponi angeführt wurde und wäre beinahe mit ihnen hingerichtet worden. Am 8. Februar 1513 wurde Niccolo Machiavelli im Haus von Lorenzo Lenzi verhaftet.

Aber nach einer Inhaftierung im Bargello verbannte man Niccolo Machiavelli auf sein Anwesen bei Sant'Andrea in Percussina, 15 Kilometer südlich von Florenz.

Boscoli, der Mitverschwörer, entstammte einer der edelsten und wohlhabendsten Familien von Florenz, war in seiner Jugend ein glühender Anhänger des Hasspredigers Savonarola und protestierte nach der Rückkehr der Medici weiterhin gegen deren Machtübernahme.

Als gewiefter, überaus intelligenter Bankier spielte er immer wieder die Medicibanken untereinander aus und entwickelte sich zu einem Finanzjongleur und Finanzbetrüger ersten Ranges.

Sein erklärtes Ziel war es, neue Gewinne durch Wechselgeschäfte zu erwirtschaften und Geld von »guten Schuldnern« einzutreiben.

Nicht sehr verwunderlich, dass Leonardo sein »persönlicher Ratgeber« wurde.

Und jetzt erst nahmen die krummen Dinge ihren Lauf: Vater war »sein« Spezialist in »Bankgeschäften«, wobei sich die Grenze zwischen Legalität und Kriminalität in einer Grauzone bewegte.

Außerdem ging das Gerücht durch die Stadt, dass hier Schutzgelder eingefordert wurden.

Er gründete die Lyoner Medicibank, deren erster Großkunde die Medici Goldschlägergesellschaft wurde. Kredite wurden vergeben und als Pfand Diamanten einbehalten. Verzögerte sich die Rückzahlung auch nur um Stunden, wurden exorbitante Zinsen exekutiert. Geldwäscherei und Geldverschiebungen ungeheuren Ausmaßes fanden zwischen den Außenstellen Florenz, Chambéry und Lyon statt.

Irgendwann wurde es auch dem hartgesottenen Leonardo zu heiß, und wir verließen Florenz Hals über Kopf.

Wir hatten schon die Stadttore lange hinter uns gelassen und befanden uns in Bottai Richtung Süden, als mein Vater umdrehte und die Marschrichtung nach Percussina umleitete.

Dort, in Sant'Andrea suchte er dann doch seinen alten Freund Niccolo Machiavelli in seinem kleinen Anwesen auf. Dieser führte das Leben eines verarmten Landedelmannes, pflegte seine Gärten und Wälder, fing Drosseln, spielte in der Taverne Halma und arbeitete an der Studie über Machtpolitik.

Als er hörte, dass Leonardo und sein Tross auf dem Weg nach Rom zu Giuliano de Medici war, war er guter Dinge, bewirtete uns und schien wieder mehr mit sich und der Welt zufrieden zu sein.

Am 8. Oktober desselben Jahres kamen wir in Rom an und zogen noch am gleichen Tag in die Villa Belvedere ein.

Die Villa Belvedere, die Papst Innozenz VIII. 30 Jahre zuvor hatte erbauen lassen, war als Sommerpalast für den Papst gedacht: kühl und erhöht gelegen und von wunderschönen Gärten umgeben.

Ich fand ein Arbeitspapier von Messer Giuliano Leno, dem Baumeister des Papstes, auf dem aufgelistet vermerkt war, was an unserer Unterkunft noch zu tun sei:

· Trennwände aus Fichte, eine davon für die Küche
· Holz für eine Zwischendecke zur Schaffung von Stauraum
· Verbreiterung der Fenster
· Fliesen neu verlegen
· vier Küchentische aus Pappelholz
· acht Stühle und drei Bänke
· eine Truhe
· ein Tisch zum Mahlen von Farbpigmenten

Die Villa war relativ neu, war aber mit einen Hauch von Abgeschiedenheit versehen, obwohl Rom 50 000 Einwohner zählte und trotzdem kleiner als Mailand war.

Rom war bekannt für seine Altertümer – aber auch für seine Verderbtheit, Käuflichkeit und Korruption.

Und in puncto Korruptheit konnten mein Vater beziehungsweise mein Onkel, Leonards Halbbruder Giuliano da Vinci, ein Lied davon singen …

Giuliano da Vinci, Notar und Familienvater in den Dreißigern, der zweite Sohn von Ser Piero, war dienstlich in Rom, um ein Honorar einzuklagen.

Da dies im Filz der römischen Bürokratie aber ein Ding der Unmöglichkeit bedeutete, bat er seinen Halbbruder Leonardo, der über großen Einfluss und in ganz Italien über beste Beziehungen verfügte, um Hilfe.

Mein Vater versuchte es auf dem »Dienstweg«, scheiterte aber ebenso wie sein Halbbruder. So blieb ihm schlussendlich nichts anders übrig, als sich, Kraft seiner Persönlichkeit, an den päpstlichen Berater und Intimus Niccolo Michelozzi mit folgendem Brief zu wenden:

»Lieber Messer Niccolo, den ich wie meinen älteren Bruder verehre. Kurz nachdem ich mich von Ihnen verabschiedet hatte, ging ich, um im Register nachzusehen, ob mein Bruder Giuliano da Vinci darin aufgenommen worden war. Das Buch war nicht da und man schickte mich von einer Dienststelle zur anderen. Schließlich kam ich zu Seiner Exzellenz Monsignore Baldassare Turini, der so wie wir ebenfalls aus der Toskana, aus dem Bergstädtchen Pescia, stammt. Nachdem ich mein Anliegen vorgetragen hatte, erwiderte Seine Exzellenz, dass es sehr schwierig sein würde und die Eingabe viele Amtswege bedürfte, die nicht so leicht zu erledigen seien. Außerdem belaufe sich mein Antrag auf eine so kleine Summe; wäre sie größer, könnte man leichter helfen …«

Also war es ganz klar: Die Höhe des Schmiergelds war zu gering.

Mein Onkel ging leer aus – mein Vater bekam den Auftrag von zwei kleinen Gemälden.

Frustriert ging Leonardo zurück zur Villa Belvedere.

Als er gegen 23 Uhr eintraf, hatte ich eine Flasche Castiglioncello vom Weingut Tenuta San Guido dekantiert und eine Platte *formaggi assor-*

titi vorbereitet. Ich gab mir alle Mühe und erstand neun der besten Käse in Italien: Gioddu, Murazzano, Mascarpone mit Nüssen, Feigen und Trauben, Ragusano, Ruccolo, Stracciatella di bufalo Toma, Quartirolo sowie zum Abschluss einen Taleggio.

Er nahm aber nur einen kleinen Schluck, aß ein paar Stück von dem feinen Käse und nahm dann noch am Esstisch ein Blatt Papier zur Hand, um »den schnellen Wind beim Durchgang durch Flöten« geometrisch festzuhalten.

Jetzt lag es an mir, frustriert zu Bett zu gehen.

Zuvor aber leerte ich noch die angebrochene Flasche mit dem herrlichen Rotwein – in einem Zug.

Mein Bett ächzte und krachte, als ich, ohne mich zu entkleiden, hineinfiel.

28. Georg und Johannes

Leonardo hasste den römischen Sommer. Und dann noch eine Schreckensmeldung aus Florenz: Giuliano de Medici hatte einen Schwindsuchtsanfall erlitten, war aber bereits wieder auf dem Weg der Besserung. Nicht so Leonardo.

Er schrieb einen Brief, den er gedankenschwer begann:

>»Über die ersehnte Wiederherstellung Eurer Gesundheit, erlauchter Herr, habe ich mich so sehr gefreut, dass meine Krankheit fast von mir gewichen ist ...«

Was war das für eine Krankheit? Als ich vorschlug, den Oberarzt des Hospiz Santo Spirito im gleichnamigen Stadtteil Roms Dottore Riccardo Monferini zu kontaktieren, bekam ich ausgiebig Schelte. Ich verstand die Welt nicht mehr. Mein Vater ging dort ein und aus und hatte auch die Genehmigungen, Sektionen und Leichenöffnungen vorzunehmen – und weigerte sich, einen Arzt in eigener Sache aufzusuchen.

Außerdem schätzte er die architektonischen Vorzüge wie medizinischen Einrichtungen, die dem neuesten Stand der Medizin entsprachen.

Das Gebäude wurde im Jahre 727 vom Sachsenkönig Ina errichtet und 1024 von Papst Innozenz III. restauriert. Was für unsere Verhältnisse völlig neu war, war eine kürzlich eingerichtete Kinderklinik, deren Entwurf von meinem Vater stammte.

Also warum nur diese Abneigung gegen Doktor Monferini?

Nun, Leonardo wollte ganz einfach nicht »krank« sein.

Trotzdem traf ich mich heimlich mit Dr. Monferini und schilderte ihm alle die Symptome, welche meinen Vater plagten:

Seine rechte Hand war gelähmt. Er begann seine Zeichnungen nunmehr mit der linken Hand, wie zum Beispiel das große Turiner Selbstporträt. Aber ich merkte, dass die ganze rechte Körperhälfte ihm Schwierigkeiten bereitete.

»Apoplexie«, meinte der Arzt trocken und unverzüglich. »Das typische Krankheitsbild eines Schlaganfalles. Und übergebt Eurem Vater die folgenden Gesundheitshinweise:

Er soll niemals ohne Lust essen und nur leichte Kost, gut braten und gut kauen.

Vermeidet schlechte Luft und Aufregungen.

Der Wein sollte wenn möglich verdünnt sein und nur zum Essen getrunken werden und vor allem nie auf leeren Magen.

Beim Spazierengehen soll der Schritt gemessen sein.

Er solle sich in der Nacht gut zudecken und nicht auf dem Bauch schlafen.

Aber der allerwichtigste Heilungsprozess: Vermeide Völlereien, übe Mäßigkeit im Leben und trainiere den Geist!«

Ich wagte es nicht, diese Sammlung von Ratschlägen an meinen Vater weiterzugeben. Vegetarier war er schon. Aber dem Wein und der holden Weiblichkeit abzuschwören waren ein Ding der Unmöglichkeit.

Zu Hilfe kam mir ein Brief, den der Weltreisende Andrea Corsali meinem Vater aus Indien schrieb: »Hier gibt es ein sanftmütiges Volk, das sich in der Hauptsache von Reis ernährt ...«

Im fleischhungrigen Rom etwas Absurdes.

Und auch das mit den »Nerven« war nicht so einfach.

Leonardo hatte zwei deutsche Gesellen eingestellt: Georg, den Eisengießer, und Johannes, den Spiegelmacher.

Ich mochte beide nicht, da sie Taugenichtse waren und meinen Vater, wo es nur ging, betrogen.

Es dauerte eine Weile, und erst viele unangenehme, ja schon kriminelle Handlungen mussten geschehen, bis auch mein Vater dahinterkam.

Und zwar so.

Georg der Eisengießer wurde bei uns aufgenommen. Er wohnte und aß mit uns im Haus, sodass mein Vater in der Lage war, seine Arbeiten, seine Entwicklung und vor allem das Studium der italienischen Sprache besser kontrollieren zu können.

Er hatte ihm sieben Dukaten als Lohn im Monat zugesagt; er aber forderte acht.

Und bald arbeitete er auf eigene Rechnung und betrog Leonardo damit in zweifacher Form. Er fertige Holzmodelle an, die er mit Eisen verband, um sie, wie er uns weismachen wollte, später mit nach Hause nehmen zu können. In Wahrheit verkaufte er sie in bedenklichen Spelunken rund um den Vatikan an zwielichtige Soldaten der Schweizer Garde, behielt aber den Verkaufserlös ausschließlich für sich.

Als mein Vater ihn zur Rede stellte, begann er in seiner Muttersprache loszuschimpfen, verkaufte all sein Hab und Gut und verschwand auf Nimmerwiedersehen.

Wir waren alle erleichtert – aber das nächste Problem stand auf der Türschwelle: Johannes der Spiegelmacher.

Er zog kurzerhand in die Kammer von Georg ein und installierte auch gleich seine eigene Werkstatt zur Herstellung von Spiegeln, die er auf den häufig stattfindenden Jahrmärkten zum Verkauf anbot.

Aber im Gegensatz zu Georgs Holz- und Eisenkonstruktionen fand mein Vater seine wissenschaftliche Entdeckerenergie in den Produkten von Johannes und verfolgte sogleich eine neue Idee, die ihn derart faszinierte, dass seine Krankheit völlig in der Hintergrund rückte.

Sonnenenergie war das neueste, mit dem sich Leonardo ab sofort beschäftigte.

Seine erste Idee war, die Wärme der Sonne mit Hilfe von Hohlspiegeln zu bündeln. Und schon schrieb er die erste Abhandlung:

»Wenn du sagst, dass der Spiegel kalt ist, stimmt das nur so lange, bis die Sonne ihre warmen Strahlen auf ihn wirft. Jener Strahl, der von der Sonne kommt und seinen Weg über den Spiegel nimmt, kehrt zu seiner Ursache, dem Wärmespenden, zurück. Und wenn dann der Strahl vom Hohlspiegel durch die Öffnung eines Schmelzofens fällt, wird er selbst nicht wärmer!«

Da Leonardo sich ab sofort den industriellen Anwendungen seiner Ideen widmete, erklärte sich mir auch die blaue Brille, die er vor einiger Zeit in Florenz erstanden hatte:

»Der Glanz des Sonnenkörpers, in den das menschliche Auge nicht blicken sollte, weil ihn das Auge nicht aushält und die Urkräfte der Natur zum Gelten kommen.

Denn wer zur Quelle gehen kann, der gehe niemals zum Krug …!«

Behilflich war ihm dabei – wie immer – die Lektüre und das Studium der Antike. Das Prinzip des Brennspiegels war schon dem griechischen

Mathematiker Archimedes, rund 300 Jahre vor Christus bekannt, welches er in Syrakus gegen die römische Armee einsetzte.

Vater hatte auch die Lehren des Meisters über die Hebeltechnik, aber vor allem das *Archimedische Prinzip* genauestens studiert. Archimedes sollte den Goldgehalt einer den Göttern geweihten Krone des Herrschers Hieron II. prüfen, ohne sie jedoch zu beschädigen. Der König verdächtigte den Goldschmied ihn betrogen zu haben. Um diese komplexe Aufgabe zu lösen, tauchte Archimedes einmal die Krone und dann einen Goldbarren in einen vollen Wasserbehälter und maß die jeweilige Menge des übergelaufenen Wassers. Und siehe da, die Krone verdrängte mehr Wasser als der Goldbarren, womit für Archimedes der Beweis entstanden war, dass hier tatsächlich die Krone nicht vollkommen aus Gold gefertigt worden war.

Das entdeckte er dann zudem während des Bades, worauf er nackt auf die Straße lief und »*Heureka, ich hab's gefunden*« rief.

Mein Vater drehte aber jetzt beim »Spiegelmacher« den Spieß um: Er eignete sich Ideen und Fertigkeiten des Spiegelmachers an, um sie zum Schluss für sich selbst in Anspruch zu nehmen, neue Erfindungen zu machen und vor allem seine ungebrochene Neugierde auf wissenschaftlichem Gebiet zu befriedigen.

Und er legte seine Taktik eiskalt an.

Hier in Rom musste er an etwas Größerem und Komplizierterem arbeiten. Es musste sein »Meisterstück werden«, da er, wie er immer wieder leicht sentimental äußerte, »nicht genug für die Menschheit getan zu haben ...«.

Da der Spiegelmacher im gleichen Haus wohnte, bedurfte es nicht viel Spionagearbeit um dahinter zu kommen, was dieser dort trieb. Zu meiner Überraschung besorgte er sich neben der blauen Brille darüber hinaus blaues Papier und einen Spezialstift, der auf dem glatten Papier auch haften blieb. Seiner Angewohnheit, von rechts nach links, also in der Spiegelschrift, seine Aufzeichnungen festzuhalten, blieb er auch hier treu.

Er beschrieb ein pyramidenförmiges Gebilde, das »so viel Kraft in einem einzigen Punkt versammeln konnte«, dass man »Wasser in einem Heiztank, wie sie in Färbereien benutzt werden, zum Kochen bringen kann«.

»Auch könnte man Schwimmbecken erwärmen, was den reichen Kunden sicher gefallen würde.«

Es war wieder an der Zeit, mich zu wundern, da ich bisher weder ein Schwimmbecken noch die dazugehörenden Kunden gesehen oder getroffen hatte. Aber dieses komische Gebilde konnte auch für astronomische Zwecke benutzt werden

»Öffne die Abdeckung und zeige auf dem Grund jeweils nur einen Planeten. Die widergespiegelte Bewegung auf diesem Grund wird dir dann die Beschaffenheit des betreffenden Planeten erklären und kann auch als Spiegelteleskop beziehungsweise als Teleskop verwendet werden.«

Außerdem arbeitete er in einem Labor in der Villa Belvedere, in welchem geheime Rezepturen zubereitet und ausprobiert wurden. Rezepte, die das Beschlagen von Spiegeln vermeiden sollten, eine Substanz, die er kryptisch »Gipsfeuer« nannte, und aus Kupfer und Quecksilber zusammengestellt wurde.

Und auch die anatomischen Studien kamen nicht zu kurz: Schädel, Zähne und Muskelteile fanden sich in diesem Labor.

Die Römer hatten Leonardo schon als Spinner abgetan: mit seiner blauen Brille und einem geheimen Verfahren, das Sonnenlicht einzufangen …

29. Kaufleute und Künstler

Am 8. Oktober trat mein Vater der Bruderschaft des heiligen Johannes der Florentiner in Rom bei, deren Hauptsitz sich am anderen Ufer des Tibers, gleich dem Vatikan gegenüber, befand.

Auf unsere Frage, warum er das gerade jetzt tue, antwortete er wortkarg und meinte nur, dass er eben »ein echter Florentiner« sei.

Ich fühlte mich wohl in Rom; Vater hingegen überhaupt nicht. Er kränkelte und überwarf sich mit seinem Gönner ebenso wie mit dem Papst.

Wollte er nach Florenz zurück? Bekam er im Alter Heimweh? Oder nervten ihn die anderen Florentiner wie Michelangelo oder Raffael, die sich ebenfalls in Rom aufhielten und dort – im Gegensatz zu ihm – fette Aufträge einstrichen?

Fühlte er sich übergangen, zu alt? Oder war es eine Mischung aus allem?

Als sein Sohn vernahm ich die Botschaft.

Er hatte das Gefühl wiederentdeckt, ein Florentiner zu sein. Weiters wollte er für ein angemessenes Begräbnis vorsorgen, eine gewisse alte, neue Religiosität stellte sich ein.

Würdige Begräbnisse zählten vor allem zu den Hauptaufgaben der Bruderschaft, die auf der Grundlage der Gegenseitigkeit Hilfe bei Krankheit gewährte und für die Begräbnisse ihrer Mitglieder sorgte. Seine Zulassung mutete ziemlich bizarr an: Leonardo aus Vinci, Ingenieur, Techniker, Erfinder, Anatom, wurde vom Ausschuss mit einer Mehrheit von drei schwarzen Bohnen und dann von der Vollversammlung mit 43 schwarzen und zwei weißen Bohnen in die Bruderschaft gewählt.

Der Vorschlag kam vom Großmeister Gaiacquo, einem Arzt, der für Messer Leonardo bürgte.

Kurz darauf allerdings wurde vorgeschlagen, dem »ehrenwerten Messer da Vinci die Mitgliedschaft wieder zu entziehen, da die Eintrittsgebühr bis dato nicht in unserem Comptoir eingetroffen ist …«.

Dass mein Vater die Aufnahmegebühr schuldig blieb, ist nicht auf einen plötzlichen Sinneswandel zurückzuführen, sondern darauf, dass er als Mitglied des päpstlichen Gefolges Rom im Oktober verlassen hatte, um den Papst in seiner heiklen Mission nach Florenz und Bologna zu begleiten, wo es zu einer historischen Begegnung zwischen dem Papst und dem neuen französischen König, Franz I., kommen sollte.

Obwohl er immer wieder in Konflikt mit dem Papst kam aufgrund seiner anatomischen Studien und seiner immer wieder auf höchster Staatsebene eskalierenden Affären mit Mätressen und Ehefrauen von Regierungspersonen und gekrönten Häuptern war, war er doch froh, Rom zu verlassen.

Und bevor Leonardo und der gesamte Tross nach wochenlanger, mühsamer Reise und damit verbundenen Strapazen von Rom zurückkehrten, passierte in Bologna die wahrscheinlich zukunftsweisendste Begegnung seines Lebens. Während der Papst und Franz I. konferierten, traf Leonardo wieder auf Franz I., seinen wohl letzten und hingebungsvollsten Gönner. Der König war gerade einmal 21 Jahre alt, gleich groß wie mein Vater, charismatisch und trotz militärischer Haltung ein Mann mit großem Verständnis für die Wissenschaft und die Kunst. Und Leonardo hatte es ihm angetan.

Und so gerieten wir in ein französisches Umfeld, das Italien nicht zu bieten hatte.

Am 14. Dezember 1515 bat der Kämmerer des Königs, Artur Bossif, um eine persönliche und ehestmögliche Unterredung.

Und er überbrachte ein schicksalhaftes Dokument: Der König lud Leonardo zu sich nach Frankreich ein.

Aber vorerst ging es zurück nach Rom, bevor wir endgültig nach Frankreich aufbrachen.

30. Maitre Lyenard

Freitag, der 8. September 1516, begann mit einem Hochnebel, der im Laufe des Tages jedoch verschwand und einen fast schon hochsommerlichen Herbsttag bescherte.

Normalerweise hätten sich unsere Wege nach dem Frühstück getrennt; aber heute war ein besonderer Tag: Wir traten die wohl längste Reise unseres Lebens an: die 1 500 Kilometer von Rom nach Amboise, einer Stadt im französischen Departement Indre-et-Loire.

Vater war bester Laune und konnte die Abfahrt kaum noch erwarten.

»Wir haben zuerst einen kurzen Aufenthalt in Mailand, dann geht es über die Alpen direkt nach Amboise, wo uns der König in ein Herrenhaus nahe des Schloßes Amboise unterbringen, verpflegen und vor allem beschäftigen wird. Maturina wird noch einige Zeit in Mailand bleiben, um nach dem Rechten zu sehen, und kommt dann nach Frankreich nach.

Wir aber, du mein Sohn, Paolo, wirst Frankreich lieben und du, Maturina, kommst in deine Heimat zurück!«

Mir war eher zum Heulen zumute und auch Maturina war in den langen Jahren in Italien kaum mehr Französin. Zudem hatte sie keine Angehörigen, sprach kaum noch die Sprache ihrer Väter und wäre am liebsten nach Florenz zurückgekehrt.

Aber es half nichts. Seit der Begegnung meines Vaters mit dem König Franz I. in Bologna und dem Tod von Giuliano de Medici war die Entscheidung gefallen.

Da im Winter keine Überquerung der Alpen möglich war, war dieser Septembermorgen ausgewählt worden.

Ich hatte kaum geschlafen, da ich praktisch den ganzen Tag davor und auch die ganze Nacht Abschied genommen hatte. Abschied von Freunden, Gönnern und von meinen getreuesten Freundinnen: allen voran von meinen beiden Herzensdamen Gaia Adamo und Chiara Novacco. Beide bildhübsch, gebildet und Töchter eines gefürchteten, kalabrischen Familienclans.

Und dann die berühmten Söhne des Duce Albizzi aus Florenz, Filippo und Alessandro. Und nicht zu vergessen die schöne Sizilianerin Ribana Bonanno aus dem fürstlichen Geschlecht der Tomasi di Lampedusa ...

Aber zum Träumen hatte ich in den kommenden Tagen und Nächten in den diversen Kutschen Zeit.

Eskortiert wurden wir von Emissären des französischen Königs. In Händen hielten wir ein diplomatisches Kommuniqué, Passierscheine sowie das offizielle Bittschreiben des französischen Königs Franz I., zum »ehestmöglichen Zeitpunkt« bei ihm unseren »weiteren Lebensabschnitt zu beginnen«.

Vater war 64 Jahre alt. Körperlich schon etwas geschwächt und gebrechlich, aber voll im Besitz seiner geistigen Kräfte und – vor allem – voller neuem Tatendrang. Als Vorleistung hat der König nicht nur einen, sondern zwei Jahresgehälter ausbezahlt. Und das waren nicht weniger als 2 000 Scudi d'Oro, die der Mailänder Diener und persönliche Berater des Königs, Battista de Vilanis, in einer gusseisernen Schatulle überreichte, die der Ritter und Gesandte aus Amboise, Malleville, zwecks Bewachung bei sich verwahrte.

Der junge König war von meinem Vater derart fasziniert, was sich auch in gegenseitiger Hochachtung wiederfand. Vater schrieb in seinem Tagebuch, dass König Franz ein Mann von »reichem und großem Talent« war, der auch »Kenntisse des Griechischen und Lateinischen besaß«. Er war kaum von Vaters Seite gewichen, hörte ihm mit größtem Vergnügen zu, wenn Vater über seine Erkenntnisse der Wissenschaft erzählte. Der König wiederum ließ verbreiten, dass es »keinen anderen Menschen auf der Welt gäbe, der größeres Wissen als Maître Lyenard besitze – und nicht nur auf dem Gebiete der Bildhauerei und Malerei, sondern – und vor allem – auf der geistlich-wissenschaftlichen Ebene und der Philosophie ...«.

Und so erreichten wir Ende des Jahres die Loire.

Neben dem fürstlichen Gehalt war auch unsere Unterkunft ein großzügiges Geschenk, in dem Vater leben und arbeiten konnte.

Es war das Herrenhaus in Cloux, knapp einen Kilometer südlich des großen Schlosses von Amboise, das relativ neu war. Estienne Leloup, Landvogt Königs Ludwig XI., hatte es Ende des 15. Jahrhunderts bauen lassen. Es war aus roten Ziegeln und grauem Tuffstein errichtet und hatten kurz zuvor auch einen alten Freund von Leonardo beherbergt, den Comte Ligny, den Leonardo 1499 in Mailand getroffen hatte.

Das Haus stand auf einem leicht abfallenden Hügel hinter einer langen Wehrmauer. Nördlich davon umrahmten Stallungen und Wirtschaftsgebäude einen l-förmigen Hof. Im Westen fiel das Gelände steil ab und man genoss von der Loggia aus einen herrlichen Ausblick über die Loire-Ebene, italienisch angelegte Gärten und in der Ferne über die Häuser der Domherren und die Stiftskirche Notre-Dame-Saint-Florentin-Du-Château.

Das Haus machte einen freundlichen und friedlichen sowie sauberen Eindruck. Es war geräumig und hatte etwas Spielerisches. Und hier fand Vater Ruhe und Frieden, seine umfangreichen Arbeiten fortzusetzen und auch Manuskripte, Zeichnungen zu ordnen. Er hatte jetzt endgültig zu malen aufgehört.

Und so verbrachten wir den ersten Winter, Frühling und Sommer in unserer neuen Heimat und genossen die Umgebung und die ungeteilte Zuneigung des Gastgebers König Franz I.

Wer aber war dieser Franz I. eigentlich? Dass er die Arbeiten meines Vaters auf höchstem Niveau einschätzte, wussten wir schon – sonst wären wir nicht dem Ruf, nach Frankreich zu kommen, gefolgt.

Vater gab mir Auskunft. Und die war so fundiert, dass ich mich gar nicht zu fragen getraute, woher er eigentlich all den Einblick in – teilweise – intime Informationen hatte?

Egal, ich gab mich damit zufrieden und was ich zu hören bekam, war Historie und Klatsch und Tratsch auf höchstem Niveau. Und das war kompliziert genug.

Franz stammte aus der Dynastie der Valois, war der einzige Sohn von Charles de Valois, Comte d'Angoulême, und seiner Ehefrau Luise von Savoyen.

Ludwig XII., letzter männlicher Erbe des Hauses Valois-Orelans, dessen Thron Franz erben sollte, war seit dem 8. September 1476 mit Johanna von Valois verheiratet. Da die Ehe kinderlos blieb, begann Ludwig einige Jahre später Gespräche mit Papst Alexander VI., um seine Vermählung für ungültig erklären zu lassen.

Mit unglaublichem Zynismus verlangte der Papst, dass im Falle einer

Scheidung, sein Sohn Cesare Borgia mit einer französischen Prinzessin zu verheiraten sei. Ludwig stimmte zu.

Und so berief der Papst eine päpstliche Kommission, die aus dem Kardinal Fernando de Alemeida o Coutinho, Louis d'Amboise und Philipp von Luxemburg bestand, ein. Diese reisten nach Frankreich und zwangen Johanna zu einer demütigenden, peinlichen Befragung, was sie denn von dem Wunsch sich von ihrem Gatten zu trennen hielte. Ludwig schwor, von seinem Vater zu der Ehe genötigt worden zu sein und er selbst habe niemals einen Ehevertrag unterschrieben. Angesichts der Übermacht akzeptierte sie schlussendlich die Auflösung ihrer Ehe, bekam den Titel Herzogin und verließ den Ort der Kommission wortlos, ohne sich noch einmal umzudrehen.

Nun war der Weg frei für die Heirat mit Anne de Bretagne, was am 8. Januar 1499 in die Tat umgesetzt wurde.

Innenpolitisch schaffte er Privilegien ab, erfand immer neue Finanzinstitutionen, um die Steuern zu erhöhen. So verdoppelte er die Steuern für Bauern und verdreifachte jene für Salz.

Außenpolitisch bemühte er sich um ein Bündnis mit dem Osmanischen Reich, führte fortgesetzt Kriege gegen Italien und sandte seine Verwalter in die ganze Welt, um sein Reich zu vergrößern.

Aber Franz' größtes Interesse galt der Kunst und Kultur. Und seinen zahlreichen Liebschaften.

Und Vater kannte sie alle: François de Foix, Dame de Châteaubriant, Anne de Pisseleu, Marie d'Assignym, Mary Boleyn, Schwester der Anne Boleyn, und Marie de Langeac.

Trotz seiner zahlreichen Liebschaften hatte Franz I. mit seiner Frau Claude drei Kinder, die aber allesamt im Kindesalter verstarben.

Sein ganzer Stolz und ein Großteil des Vermögens wurden allerdings italienischen Kunstströmungen gespendet. Dazu dienten ihm auch die ständigen Kriegsausbrüche in Italien.

Für Leonardo und mich bedeutete diese Schirmherrschaft von Franz I., einem souveränen Herrscher, eine kultivierte Wertschätzung, wie sie uns in Italien niemand bieten konnte.

Franz investierte auch viel Zeit und Geld in den Ausbau von Schlössern entlang der Loire zum Schutz gegen die Engländer und bat Leonardo fast täglich, ihm immer mehr und neuere Skizzen zu schaffen.

Besonders am Herzen lag ihm das Schloss Fontainbleau, drei Tagesritte oder Kutschenfahrten nordöstlich von Amboise und 70 Kilometer südlich von Paris, wobei man Pferde und Kutschen in Blois, Orleans und dann noch in Ferriéres-en-Gâtinais wechseln mußte.

Vater war in einer unglaublichen Schaffensperiode und merkte dabei gar nicht, wie er körperlich immer schwächer und langsamer wurde.

Aber sein Gehirn funktionierte in einem Ausmaß, um das ihn jeder weitaus jüngere Mann beneidet hätte. Frisch, motiviert und Funken sprühend belieferte er den König mit immer neuen Ideen

31. Kardinal Luigi von Aragon

Es war Herbst geworden im Tal der Loire und ein hoher Besuch war angesagt.

Ein alter Bekannter hatte seine Aufwartung beim König und auch bei Vater angemeldet: Kardinal Luigi von Aragon.

Er und seine 40-köpfige Entourage sowie seine Lieblingsmätresse, die Kurtisane Giulia Campana, und deren gemeinsame Tochter Tullia trafen anfangs des Monats Oktober in Amboise ein.

Der Kardinal befand sich auf dem Rückweg von einer ausgedehnten Europareise durch Deutschland und der Schweiz und machte auch in Spanien Halt.

Obwohl der Kardinal 22 Jahre jünger als mein Vater war, kannten sich die beiden schon aus seit 1492 aus Mailand, als Luigi noch Marquis von Geraco gewesen war.

War mein Vater auch in die dunklen Machenschaften des ehrenwerten Marquis eingeweiht, bevor dieser sich dem Kirchenstaat zuwandte und am 10. Dezember 1498 zum Apostolischen Nuntius in Lecce ernannt wurde?

Was wusste Leonardo von den schweren Vorwürfen, die gegen Luigi erhoben wurden?

Hatte er tatsächlich den Befehl zur Ermordung seines Schwagers Antonio da Bologna und seiner Schwester Giovanna, Herzogin von Amalfi, gegeben?

Und alle vier, Leonardo, Luigi, Antonio und Giovanna, begegneten einander schon 1492 in Mailand und auch später, 1512, ebendort und waren ein legendäres, unzertrennbares Kleeblatt. Wir, die da Vincis, und Luigi waren auch Nachbarn in der Corte Vecchia in Mailand.

Luigi war allerdings damals mit Battistina Cibo Usodimare, der Enkelin von Papst Innozenz VIII., verheiratet und hatte keinen guten Ruf in der Gesellschaft.

Und der Ruf des Herrn Luigi von Aragon war auch später schwer belastet.

Er hatte sich nämlich nach dem Tod von Julius II. Hoffnungen gemacht, zum Papst gewählt zu werden.

Aber schön der Reihe nach: Der Reigen der Päpste drehte sich manchmal schnell und dann wieder langsam. Hatten Leonardo und vor allem Luigi von Aragon ihre Finger im Spiel?

Der »Borgiapapst« Alexander VI. starb am 18. August 1503.

Sein Nachfolger, der aus Siena stammende Francesco Piccolomini, wurde bereits nach einem kurzen Konklave am 22. September, also nach etwas mehr als einem Monat, zum Papst gewählt und nannte sich Pius III.

Gerüchten zufolge war er schwer krank und litt angeblich an schwerer Gicht. Und trotzdem machte er keinen kranken Eindruck; aber kaum 27 Tage im Amt, verstarb er am 18.Oktober des gleichen Jahres.

Was war vorgefallen? Waren die Gerüchte um seinen Gesundheitszustand nur verbreitete Lügen im Vorfeld eines Mordes?

Sein Nachfolger Giuliano della Rovere, den wir schon als Erfinder der Schweizer Garde kennengelernt haben, übernahm das höchste Amt in der Kirche bereits am 1. November 1503. Und blieb dann dort bis zu seinem natürlichen Tod am 21. Februar 1513.

Und nun bewegte Luigi von Aragon alles nur Menschenmögliche, um selbst die Papstwürde zu erlangen. Und dabei war ihm kein Mittel zu schlecht oder zu billig.

Aber er hatte nicht damit gerechnet, dass es einen noch skrupelloseren, noch gewiefteren und vor allem einen Kandidaten gab, der aus dem mächtigsten Hause von Florenz stammte: dem der Medici. Und so unterlag er Giovanni de Medici, der sich praktisch im Alleingang die Papstwürde am 11. März 1513 umhängen ließ – und auch hier dürfte Leonardo ihm strategisch und ganz im Sinne eines Medienzaren voll zur Seite gestanden haben.

Für seinen Freund Luigi aber war es zu spät.

Vater hatte sich für den Stärkeren eingesetzt und entschieden. Luigi unterlag dann zwar Leo X., blieb ihm aber weiterhin eng verbunden, zumal er sich Hoffnungen machte, zum König von Neapel von ihm ernannt zu werden.

Trotzdem besuchte ihn mein Vater in geheimer Mission in Rom, wo er Luigis großzügige Gastfreundschaft genoss und der schon genannten Giulia Campana begegnete, was nicht ohne Folgen blieb …

Danach brach eine Eiszeit an.

Eben bis zu Kardinal Luigis Besuch in Frankreich.

Der Kardinal war auch an der holländischen Küste in Middelburg, wo er den neuen König von Spanien Karl V. traf.

Karl V. hatte zu seinem persönlichen Schutz und seiner versteckten Bespitzelung von Gästen englische Agenten angeheuert. Seiner Meinung nach waren diese besonders brutal und intelligent zugleich, was dem äußerst misstrauischen König nur zugutekam.

Diese berichteten sogleich, dass ihnen der Kardinal suspekt vorkam.

»Der Kardinal traf prunkvoll mit einem Gefolge aus 40 Berittenen ein, den Mantel leger um die Schulter gelegt, während an seiner Seite ein Schwert baumelte ... Eure Eminenz möge erraten, welche Art Mensch er ist: Besagter Kardinal benimmt sich eher wie ein weltlicher als ein geistlicher Herr ...«.

Am 9. Oktober war der Tross in Tours und machte sich nach einem frühen Mittagessen auf den Weg nach Amboise, rund zwei Stunden gemächlichen Rittes. Unterkunft fanden sie im Schloss, das sie »klein aber sauber« bezeichneten, und man »hat einen schönen Blick«. Das klang schon sehr arrogant und herablassend, wie ein italienischer Kardinal über die Bleibe, immerhin das Schloss des französischen Königs, befand.

Und das blieb meinem Vater, der sich innerhalb der Dienerschaft auch einiger »Spione« erfreute, nicht verborgen. Das Treffen mit dem Kardinal von Aragon war nicht von großer Wiedersehensfreude geprägt, sondern als eher unterkühlt zu betrachten. Da der Kardinal mich und Maturina und weitere Diener völlig ignorierte, konnten wir uns ein besonders plastisches Bild von der Zusammenkunft ehemaliger Nachbarn, Freunde in guten wie in schlechten Zeiten machen.

Der Kardinal fragte meinen Vater, ob er »schon weit über 70 sei«.

Maturina und ich sahen uns verblüfft an. Gewiss war er gealtert und seine Krankheit hatte Spuren hinterlassen. Aber das war doch eher eine Bosheit denn Interesse an seinem körperlichen Zustand.

Zum Glück war Vater geistig völlig auf der Höhe und konterte gegen den Kardinal, »ob sich keine neue Mätresse für ihn interessiere, zumal ja ›Giulia, unser beider Freundin‹, noch immer an seiner Seite weile ...«. Der Kardinal hob eine Augenbraue und sah sich um, in der Hoffnung, dass keiner der Anwesenden diesen Seitenhieb mitbekommen hatte. Er hatte sich aber schnell gefasst und fragte meinen Vater nur nach seinem Wohlbefinden. Auch hier antwortete Leonardo spitz wie diplomatisch zugleich: »Auswanderer sind Fremde in zwei Ländern: in dem Land, in dem man wohnt und in jenem Land, das man für immer hinter sich gelassen hat ...«

Vater war aber schnell in seinem Element und zeigte dem Kardinal drei Gemälde. Ein Bildnis einer Florentiner Dame, ein Bild von Johannes dem Täufer und eine Madonna mit einem Kind auf dem Schoß.

Dem Kardinal entfuhr ein »perfettissimo«. Als er aber die rechte Hand Leonardos sah, meinte er, dass man ab jetzt »keine berühmten Werke mehr erwarten kann?« So wandten sich beide den Aufzeichnungen der Anatomie zu. Vater erklärte die komplexen Zeichnungen und Beschriftungen von Muskeln, Nerven, Adern und den Windungen des Gehirns. »Ich durfte 30 Leichen sezieren und habe immer mit den besten Ärzten und Chirurgen zusammengearbeitet«, half mein Vater dem etwas sprachlosen Kardinal, dem es bei dem Gedanken an die anatomische Arbeit nicht sehr gut zu gehen schien, wieder auf den Boden der Realität.

Nach einem weiteren Austausch von Höflichkeiten reichte Maturina Erfrischungen und Getränke unten im Salon, und dann folgte ein frommes Zwischenspiel in der nahen Kapelle – denn diese so weltlich wirkenden Besucher waren ja Geistliche ...

Im Atelier, wo einige Kerzen das herbstliche Licht verstärkten, sprach man noch über Wasser und Maschinen, Zeichnungen und Bücher – aber dabei merkte man, dass Leonardo ein alter Fuchs war: Locker und ungezwungen zeigte er den Besuchern nur das, was er ihnen zeigen wollte. Der Rest blieb im Hintergrund als etwas Geheimnisvolles, auf das er mit der Hand des Meisters nur hindeutete, auf die Spiegelschrift verwies und die Tausenden »libri« und »libricini« als eine »Anhäufung von Tonnen von Papier und Tinte« bezeichnete.

Man hörte die entwaffnende Mischung aus Stolz und Selbstironie. Und die unermessliche Vielfalt der Forschungen aus seinen Worten.

Die Gäste schienen beeindruckt zu sein, bedankten sich unerwarteterweise in höflicher Manier und begaben sich zu Bett, zumal sie vorhatten, zeitig am nächsten Tag nach Italien aufzubrechen.

Der Kardinal küsste meinem Vater die Hand, während Giulia ihm einen letzten Blick voll von vergangenen Sehnsüchten und Erinnerungen zuwarf und wortlos für immer ging ...

170

32. Der Käfig ist leer

Zum Jahreswechsel 1517/1518 besuchte König Franz I. seine Mutter Anne de Bretagne auf ihrem Landsitz in Romorantin, 60 Kilometer östlich, flussaufwärts von Amboise gelegen.

Ein Kurier überbrachte eine Eildepesche nach Amboise, dass der König meinen Vater schnellstmöglich ebenfalls dort treffen wollte, hatte der König doch großzügige Pläne, das Anwesen seiner Mutter zuliebe auszubauen.

Vater und ich nahmen die für ihn doch schon beschwerliche Reise mit einigen Dienern und Reitern Ende 1517 in Angriff: Die Route führte uns über Blere, Saint-Georges-sur-Cher, Mareuil-sur-Cher und Gy-en-Sologne bis zum südlichen Teil des Flusses La Sauldre. Leonardo nannte es das »Romorantin-Projekt« und sah gewaltige Investitionen vor.

Mein Vater, der gutem Wein nicht abhold war, gefiel die Gegend, zumal sich doch die Quelle des Flusses in Sancerre befand, eine Gegend mit dem berühmtesten Weißwein der Loire-Region und dem herrlichen Käse Crottin de Chavignol, einem Ziegenweichkäse höchster Qualität.

Wie bei vielen vergangenen städtebaulichen Arbeiten in Mailand vor 30 Jahren versuchte er zunächst, die von der Königinmutter gestellten Aufgaben und daraus resultierende Probleme grundsätzlich zu verstehen und klar darzulegen. Er plante nicht nur den Ausbau der Residenz, sondern auch ein ausgeklügeltes Kanalnetz rund um die Anlage und einen schiffbaren Kanal, um die Residenz mit der Loire zu verbinden und um die Stadt an die bestehenden Handels- und Reisewege anzuschließen.

So großartig seine Entwürfe auch waren, seine Krankheit schlug sich auf sein Gemüt nieder. Immer wieder benötigte er längere Pausen, verwarf einen Entwurf nach dem anderen, skizzierte neue und noch großartigere Schlösser rund um die Loire, um dann doch wieder in Resignation und Verzweiflung zu enden. Der König respektierte das und zwang ihn nicht, schneller zu arbeiten oder einfach seine körperlichen Probleme den ehrgeizigen Plänen unterzuordnen.

Bereits am 16. Januar 1518, dem Tag vor dem Antoniusfest, reisten wir aus Romorantin ab.

Und dann ging es wieder steil bergauf. Seine Lebensfreude kehrte zurück und schon plante er für den Frühling ein großes Maskenfest mit Umzügen und Gesellschaften.

Für den 3. Mai 1518 war in Amboise ein großes Fest mit Florentiner Flair geplant, das zur Taufe des Dauphin Henri und der Hochzeit der Nichte des Königs Madeleine de la Tour d'Auvergne und ihrem Bräutigam Lorenzo di Piero de Medici, Neffe des Herzog von Urbino, ausgerichtet wurde.

Unter den vielen geladenen Gästen waren auch viele Freunde meines Vaters aus Florenz angereist. Man trank und plauderte, erzählte sich Geschichten aus Florenz und auch aus Amboise, und so gelangten die neusten Klatschnachrichten sehr schnell nach Florenz.

Das Glück des jungen Paares indes dauerte nicht allzu lange.

Madeleine gebar eine Tochter: Caterina, die aber im Kindbett starb. Und ihr Vater verließ diese Welt nur vier Tage später durch Suizid.

Leonardos alte Liebschaft, die Markgräfin von Mantua, Isabella d'Este, die noch immer ein Auge auf Vater aus der Ferne warf, auf den Mann der sich ihr mehrfach entzog, versuchte nochmals einen ziemlich heftigen Annäherungsversuch. Scheiterte aber kläglich. Offenbar waren die Meldungen, die sie von den zurückkehrenden Teilnehmern des Festes in Amboise zugesteckt bekam, irreführend.

Vater wollte von ihr absolut nichts mehr wissen. Es wäre die leidenschaftlichste Liebesgeschichte der Geschichte geworden …

Aber eine andere »Liebesgeschichte« meldete sich zu Wort, nachdem auch sie die Nachrichten aus Amboise erhalten hatte: die bezaubernde Cecilia Gallerani, Mätresse von Fürst Ludovico Sforza.

Und im Gegenteil zu Isabella malte Leonardo Cecilia als »Dame mit dem Hermelin« …

Schon zwei Wochen später, am 15. Mai 1518, organisierte mein Vater erneut ein großes Fest. Thema war die Belagerung, Schlacht und Eroberung der Stadt Marignano drei Jahre zuvor. Von den künstlichen Festungsmauern feuerte man Karnevalsraketen mit Konfetti ab, die dann mit großem Knall – zum Entzücken aller – auf den Festgästen landeten.

Damit war die Zeit der Feste zunächst vorbei, und Vater widmete sich wieder einer seiner Leidenschaften: den römischen Dichtern und hier allen voran Publius Ovidius Naso, wahrscheinlich 43 v. Chr. in der Nähe von L'Aquila in den Abruzzen geboren. Vor allem Ovids *Metamorphosen, Bücher der Verwandlungen* hatten es ihm angetan. Aber auch Deadus und Ikarus, Philomen und Bauxis, Narziss und Echo oder Orpheus und Eurydike.

Besonders aber hatte es ihm die Geschichte der obersten Gottheit der etruskischen Religion, die Geschichte der Pomona und Vertumnus, angetan.

Und Leonardo schaffte trotz seiner Lähmung eine Skizze aus dieser »Metamorphose« von Vertumnus, dem Erdgott, der für den Wechsel der Jahreszeiten zuständig ist, zu entwerfen.

Vertumnus kommt in den Hain Pomonas, um sie von seiner Liebe zu ihr zu überzeugen. Aber sie läuft jedes Mal weg, sodass er sich eines Tricks bedient und sich listig als alte Frau verkleidet.

In Vaters Zeichnung war das folgendermaßen dargestellt: Vertumnus ist eine zusammengesetzte Figur, die unterschiedliche Zeitmomente und Elemente der Geschichte in ihren verschiedenen Teilen darstellt. Das Gesicht ist das eines alten Mannes; erst die Haube macht ihn zur alten Frau. Die Füße und Hände sind die eines jungen Menschen. Dadurch wir die Verwandlung sichtbar.

Aber Depressionen, Freudlosigkeit, Melancholie und Trübsinn wichen relativ schnell der Freude an der Ausrichtung des Festes am 10. Juni 1518 in den Gärten von Cloux zu Ehren des Königs.

Die Vorstellung war eine Reprise von Vaters erster Produktion von 1490 in Mailand für den damals todgeweihten jungen Herzog von Mailand und dessen Braut Isabella von Aragon im Castello Sforzesco: *Paradiso*.

Und jetzt, 30 Jahre später, befanden sich auch hier Zuschauer der letzten *festa*, allen voran Galeazzo Visconti, der auch wieder seinen Vertrauten in Mantua berichtete, dessen Geheimbotschaft mir unmittelbar vor seiner Übermittlung unter der Hand überreicht wurde:

»Der ganze Hof war mit Bahnen aus himmelblauem Tuch überspannt, auf denen Sterne wie am Sternenhimmel zu sehen waren, und auch die Hauptplaneten mit der Sonne auf der einen Seite und dem Mond auf der anderen; es war ein wundervoller Anblick. Mars, Jupiter und Saturn waren da, in ihrer richtigen Reihenfolge – und Maestro Leonardo hatte 400 Fackeln angebracht, so als wäre die Nacht vertrieben ...«

Irgendwann spätnachts war die Show zu Ende.

Vater nahm die Komplimente des Königs und seiner Gäste entgegen; Nachtschwärmer, die nicht gehen wollten, wurden höflich aber bestimmt hinauskomplimentiert.

Irgendwann herrschte wieder Ruhe in Cloux. Leonardo sank erschöpft in einen hohen Stuhl und bat um das erste Glas Wein an diesem Abend.

Ich brachte ihm einen Sangiovese, er aber bestand auf einen Rotwein der Familie Carnesecchi, einem Zweig der Familie der Medici. Natürlich kam ich seinem Wunsch nach.

Trotz des Erfolges wirkte Vater wieder müde, traurig und melancholisch. Überall lagen Reste des Festes herum, zertrampeltes Gras und ein Zelt, welches man am kommenden Morgen abbrechen würde.

Auf mich wirkte es so, als ob es Vaters letztes Fest gewesen sei. Vergänglich, fragil und bald würde keine Spure mehr vorhanden sein – außer in der Erinnerung derer, die dort waren, das Fest genossen hatten und mit eigenen Augen sahen, wie alles erleuchtet war, »als wäre die Nacht vertrieben«, wie Vater es im Morgengrauen ausdrückte, bevor er erschöpft einschlief ...

Und dann kam die Nacht vom 23. auf 24. Juni 1518 – die Johannisnacht. Vater erinnerte sich an die großen Umzüge in Florenz, die man anlässlich des Johannistages feierte.

Auch hier erinnerte er sich an sein ehemaliges Studium für das »Abendmahl«, welches er vor ziemlich genau 20 Jahren im Dominikanerkloster Santa Maria delle Grazie in Mailand vollendet hatte.

Aber er war nicht in Florenz, sondern saß an seinem Tisch im Atelier in Cloux und arbeitete an geometrischen Abhandlungen – Abhandlungen, die ich in ihrer Komplexität nicht annähernd verstand.

Am Samstag, den 23. April 1519, bestellte Leonardo den königlichen Notar Guilleaume Borian zu sich und diktierte sein Testament. Ich war schockiert und amüsiert zugleich, wie er seine Wünsche zu seinem Ableben bekannt gab.

Zunächst der Ort: die Kirche St. Florentin im Amboise. Dann verlangte er drei Hochämter und 30 Messen zu seinem Andenken. 40 Pfund Wachs für dicke Kerzen und 60 Kerzen, die »von 60 Armen getragen werden«.

An seine Söhne verteilte er »sämtliche Bücher«, »Werkzeuge« und »Porträts« sowie »meine Pension und die gesamte Kleidung«.

An Battista de Vilanis, den Diener, vermachte er »die Hälfte seines Gartens in Mailand, sämtliche Möbel und den gesamten Hausrat«.

Maturina, jahrzehntelang treue Gefährtin, Haushälterin und Dienstmagd, »vermache ich einen Mantel aus gutem schwarzem Tuch mit Pelzbesatz und eine Länge Tuch und eine einmalige Zahlung von zwei Dukaten«.

Den verbleibenden Rest von 400 Scudi, »welche beim Schatzmeister von Santa Maria Nuova in Florenz hinterlegt sind, gehen samt Zinsen und Zinseszinsen an meinen Sohn Paolo«, der »immer nach bestem Wissen und Gewissen an meiner Seite war und so manche Aufzeichnung für die Nachwelt festgehalten hat«.

Ich war ebenso gerührt wie traurig ob seiner Großzügigkeit, so wie ich traurig war, dass er mit seinem Leben abgeschlossen hatte.

Früh am Freitagmorgen, den 2. Mai 1519, verlangte Vater, dass wir alle an sein Bett kamen, denn aufstehen konnte er nicht mehr.

»Ich werde jetzt bald in das Große Meer eingehen« – ein florentinischer Satz von philosophischer Gelassenheit vor einer Reise ohne Wiederkehr.

Er bat noch einmal um Papier und Feder und schrieb folgenden Satz mit zittriger Hand, fast unleserlich, nieder:

»Und wie die Seele auch beschaffen sei, sie müsse zu ihrem Wohlgefallen in ihrem Werke leben – also in der materiellen Welt oder im Körper. Und wie die Seele auch beschaffen sei, sie ist wahrlich ein göttliches Wesen ... und da sie so widerwillig vom Körper scheidet, so glaube ich wohl, dass ihr Jammer und Schmerz nicht ohne Ursache sind ...«

Maturina weinte, mir wurde schlecht. Ich bat einen Diener, den König zu holen. Dieser sollte zwar am übernächsten Morgen ein königliches Edikt in Saint-Germain-en-Laye unterzeichnen.; da der Ort aber zwei Tagesritte von Amboise entfernt war, ordnete er an, dass ein Vertrauter das Gesetz mit *Par le Roy* unterschreiben sollte, damit er Leonardo in seinen letzten Stunden zur Seite stehen konnte.

Der König von Frankreich Franz I. und ein Arzt trafen um die Mittagszeit im Herrenhaus ein.

Vater versuchte noch etwas zu Papier zu bringen, schaffte es aber nicht mehr. So schrieb er sein letztes Wort, wobei ihm der König den Kopf hielt, um ihm Hilfe und Gunst zugleich zu erweisen.

Dann hauchte er noch:

»Während ich glaubte, leben zu lernen, lernte ich auch zu sterben.«

Vor seinem letzten Augenblick schrieb er noch et cetera …

Er hätte noch sehr viel zu sagen gehabt.

Epilog

Im Herbst 2014 besuchte ich zum ersten Mal die Geburtsstadt von Leonardo da Vinci, die toskanische Kleinstadt Vinci.

Somit ergibt sich zum Schluss ein kurzer Blick in die Familiengeschichte.

Vor einem halben Jahrtausend könnte die Gegend kaum anders als heute ausgesehen haben: das Schilf am Ufer des Flusses, die schmalen Weinberge, die unzähligen Olivenhaine und ein Blick über die sanfte, hügelige Landschaft bis hinüber zu den Linien der Waldränder, wo das Hochland des Mont'Albano beginnt.

Lorbeerbäume, Pinien, Eichen, Kastanien – alles war einst im Besitz des Grafen Guidi, dessen Familie sich um die Jahrtausendwende während eines Kreuzzuges in der heutigen Toskana niederließ.

Seit 1254 gehörte Vinci zu Florenz, das einen Tagesritt entfernt lag und über Empoli und Montelup führte.

In einem kleinen, etwas außerhalb befindlichen Teil von Vinci, in Anchiano, befindet sich noch heute das kleine Steinhaus, in welchem Leonardo an einem Frühlingsmorgen, nämlich am Donnerstag, den 15. April 1452, im Anwesen der angesehenen Familie des Ser Piero da Vinci geboren wurde.

In unmittelbarer Nachbarschaft wohnten der Schmied Giusto di Pietro sowie der Gemeindepfarrer Piero di Bartolomeo Cecci.

Das Geburtshaus, eine sogenannte *casa colonica*, ist ein einstöckiges, aus gelbgrauen Stein der Umgebung gebautes Pachthaus. Das heißt, als Leonardo hier 1452 geboren wurde, gehörte es nicht der Familie da Vinci. Erst 30 Jahre später kaufte der Vater das Haus, und es blieb im Besitz der Familie, bis er es an einen der Halbbrüder von Leonardo, Guglielmos, überschrieb, der es später an ein Kloster verkaufte.

Der ursprüngliche Besitzer war ein »Kollege« von Ser Piero. Ser Tomme di Marco, ebenfalls Notar, der schon drei Jahre vor Leonardos Geburt am 18. Oktober 1449 den Pachtvertrag aufsetzte und dazu einen prominenten Zeugen aufbot: Antonio da Vinci, den Großvater Leonardos.

Ser Antonio war ob der Störung durch Ser Tomme ziemlich wütend: Hatte ihn dieser doch bei seinem Lieblingsspiel, einer Partie Halma, aufgehalten.

Trotzdem zeichnete er penibel die Geburt seines Enkelsohnes auf. Und zwar auf der Rückseite eines alten Notizbuches, das schon sein eigener Großvater benutzt hatte.

»Mir ist ein Enkel geboren worden. Am 15. April in der dritten und einer halben Nachtstunde nach dem Ave-Maria-Läuten.«

Getauft wurde das Neugeborene vom Gemeindepfarrer Piero di Bartolomeo, der in unmittelbarer Nachbarschaft wohnte – in der Pfarrkirche Santa Croce in Vinci, dessen grob behauenes Taufbecken noch heute unverändert an seinem Ort zu bewundern ist.

Es war damals üblich, die Neugeborenen gleich am darauffolgenden Sonntag zu taufen, was im Falle Leonardos der erste Sonntag nach Ostern war, *domenica in albis* genannt.

Nicht weniger als zehn Taufpaten fanden sich zu der Taufzeremonie ein, was eine ungewöhnlich hohe Zahl war. Unter den Patenonkeln und Patentanten befanden sich zwei unmittelbare Nachbarn der Familie, Papino di Nanni Banti und seine Ehefrau Maria.

Gleichfalls anwesend waren Arrigo di Giovanni Tedesco, der deutschstämmige Verwalter der mächtigen Familie Ridolfi, sowie eine gewisse Monna Lisa di Domenica di Brettone, die uns daran erinnert, dass das wohl berühmteste Gemälde der Welt den Namen »Monna« gibt, was eine Zusammenziehung von »Madonna« ist und »Meine Dame« bedeutet.

Fand die Geburt Leonardos in einer gewissen Abgeschiedenheit statt, so war die Taufe ein ausgelassenes Fest mit viel Rotwein aus den Weingärten der Familie Vinci. Die Feigenbäume trieben schon aus, auf den Terrassen verströmten die Ringelblumen ihren Duft und die ersten Olivenbäume trugen schon winzige, gelbe Blüten als Vorboten des kommenden Sommers.

Die Vincis waren nicht adelig, auch nicht besonders reich, aber hochangesehen und mit sehr gutem Einkommen ausgestattet. Alle Vorfahren waren Notare, wobei der Urgroßvater von Leonardo, Piero, sicher die schillerndste Figur des Familienclans darstellte: Als die Medici begannen, Florenz zu erobern, war er Florentinischer Gesandter am Hof von Sassoferrato und später Notar der Signoria, der Regierung der Republik Florenz.

Die Ausnahme war Leonardos Großvater Antonio, den man als »Landedelmann« bezeichnen könnte, der sich ausschließlich um seine Weinberge und mit der Herstellung von besten toskanischen Rotweinen befasste.

Warum er nicht auch Notar wurde, ist historisch zwar nicht bewiesen, beruft sich aber auf eine »englische Episode«:

Vinci, immer im Einflussgebiet von Florenz gelegen, wurde auch von Feinden belagert. Eine unrühmliche Aufmerksamkeit erfuhr Vinci durch einen gewissen Sir John Hawkwoods, des in Essex geborenen *condottiere*, dessen paramilitärische Armee, die *Weiße Gesellschaft*, Angst und Schrecken in der Toskana verbreitete. Hawkwoods, dessen italienischer Name *Giovanni d'Acuto* lautete, stand im Sold Pisas und war Truppenführer der Republik Florenz. Später lernte Leonardo das Reiterstandbild im Dom zu Florenz kennen, auf dem d'Acuto auf einem weißen Streitross sitzend zu sehen ist und angeblich als Vorbild für den »vollkommenen Ritter« in Chaucers *Canterbury Tales* galt, dem ironischen Porträts eines Mannes, der in Wirklichkeit ein gelernter Advokat aber später ein ruchloser Söldner wurde. Chaucer besuchte in diplomatischer Mission Florenz und begegnete dabei dem da Vinci Clan, sodass der Großvater ausrief: »Hütet euch vor diesen Teufeln und Advokaten.«

Die Großmutter von Leonardo Monna Lucia war die um 20 Jahre jüngere Ehefrau von Antonio, die ebenfalls einer Notarsfamilie aus Toia di Bacchereto, einem Ort am Osthang des Mont'Albano unweit von Vinci, entstammte.

Sie hatten einen Sohn: Piero, Leonardos Vater.

Dieser wurde am 19. April 1426 geboren. Ihm folgte noch eine Schwester, also die Tante von Leonardo, Violante.

Großvater Antonio hatte einen guten Freund: den Juristen Bernardo Machiavelli. Bei jeder Zusammenkunft diskutierten sie über die ersten, von Hand geschriebenen Bücher der Accademia delle Arti del Disegno und gehörten somit der intellektuellen Mittelschicht in der Toskana an. Dabei tranken sie mindestens drei Flaschen vom besten Rotwein der Region.

Bernardos Sohn Niccolo sollte später einmal gesagt haben: »Ich lernte zu verzichten, bevor ich zu genießen lernte.« Was genau er damit meinte, ist bis heute nicht geklärt.

Eine wichtige Person in Leonardos Jugendjahren wurde sein Onkel Francesco, Bruder von Piero. Auch er besaß keinerlei Ehrgeiz Notar zu werden. Ein bisschen Spekulation im Weingeschäft, in der Seidenraupenzucht und in seinem Steuerakt findet sich der Eintrag: »Ich lebe auf dem Land in Vinci ohne Aussicht auf Anstellung.« Und trotzdem häufte er ein beachtliches Vermögen an, das er – selbst kinderlos – seinem Neffen Leonardo testamentarisch vermachte.

Leonardo wuchs also in gut behüteten familiären Verhältnissen auf. Er wurde ein hübscher, großgewachsener Junge von einem Meter 93 Körpergröße und vereinigte schon in jungen Jahren die Vielfalt der geistigen und sozialen Identität und Persönlichkeit aller männlichen da Vincis.

Der Stammbaum der Familie da Vinci lässt sich also sehr gut nachvollziehen. Das kulturelle und soziale Umfeld konnte man ziemlich exakt abstecken – aber das ist natürlich nur die Hälfte der Geschichte.

Über die mütterliche Seite und deren Vorfahren wissen wir so gut wie nichts.

In Vinci wird es Frühling im Jahre 1452. Eine junge Frau namens Caterina, 25 Jahre alt, bereitet sich auf die Geburt ihres ersten Kindes vor. Schwanger ist sie vom Notar Ser Piero, der sie allerdings nicht heiraten wollte. Auch ist nicht klar erwiesen, wie, wann und wo sie Ser Piero begegnete. Jedenfalls wissen wir, dass sie die Tochter eines Holzfällers, Cerreto Guidi, aus Vinci war.

Und der Sohn wird unehelich zur Welt kommen.

Aufsehen erregend war in diesem Zusammenhang aber, dass Ser Piero nur acht Monate nach der Geburt Leonardos, die 16 Jahre alte Albiera di Giovanni Amadori, Tochter eines steinreichen Florentiner Notars, heiratete.

Ein Jahr nach Leonardos Geburt heiratete Caterina, Leonardos Mutter, Antonio di Piero Buti del Vacca. In seiner Steuererklärung schreibt er 1457, dass der nunmehr fünfjährige Leonardo »sein Abkömmling« sei, was ihm eine beachtliche Steuerersparnis von 200 Gulden pro Jahr einbrachte.

Die junge Frau seines Vaters, Albiera, mochte aber den jungen Leonardo und zeigte viel Verständnis und Mutterinstinkt und so prägte auch sie teilweise das Leben des jungen Mannes mit.

Für Leonardo selbst war sein emotionales Bezugssystem schon in der Kindheit und Jugend komplex.

Über seinen Stiefvater Buti wissen wir nur, dass Leonardo auch von ihm – allerdings im negativen Sinn – geprägt wurde.

An einem Spätsommertag im Jahre 1470 verbrachte Buti mit seiner Familie einen freien Tag in Massa Piscatoria. Es war ein Feiertag, an dem eines der üblichen Dorffeste stattfand. Allerdings wurde der Feiertagsfriede durch eine Schlägerei gestört, die eindeutig auf den Konsum von zu viel und schlechtem Wein ausgelöst worden war.

Und Leonardos Stiefvater fand sich eine Woche darauf vor Gericht und anschließend im Gefängnis …

Für den Buchautor sind solche Geschichten nicht nur wichtiges Werkzeug, sondern bieten auch erfrischende Blicke hinter die Kulissen.

Leonardo war ein außergewöhnlicher Mensch.

Ich habe über die gesamte Strecke das Wort *Genie* nicht verwendet. Und doch war er eines. Aber die Ansätze kommen doch in erster Linie nicht aus der Komplexität der weltberühmten Gemälde oder anderer Meisterwerke: Nein, sie entstehen aus dem täglichen Leben. Kurze aber prägnante Zeilen finden sich auf hochkomplizierten, geometrischen Zeichnungen, auf der Rückseite von heute um Millionen gehandelten Schriften, und wir befassen uns mit einem Leonardo, der eben »unser« Leonardo ist.

Homosexuell oder Womanizer? Gebildet oder Raubein?

Ich wollte hier den realen Menschen skizzieren, so, als ob er einer von uns wäre.

Im Unterschied zum »Universalgenie« wird auch bei Leonardo »die Suppe kalt«.

182

>>Dinge, die viele Jahre zurückliegen,
erscheinen oft nah und gegenwärtig,
und viele Dinge, die gerade geschehen sind,
scheinen so fern wie die längst vergangene Jugendzeit.«

Codex Atlanticus, Madrid

Danksagung

Dem schriftstellerischen Brauch folgend möchte ich auch hier allen danken, die mir Mut und Zuversicht geschenkt haben, dieses Buch zu beginnen und auch zu beenden.

An erster Stelle meiner Frau Anna, ohne deren kühlen Kopf und klaren Haus- und Sachverstand etwas ganz anderes, Unlesbares entstanden wäre.

Herrn Dr. Florian Bayer, Leiter der Sammlung Esterhazy in Eisenstadt, für seine Unterstützung beim Lektorat und der Korrektur.

Frau Mag.ª Irene Huditsch, der ich im Londoner Pub *Red Lion* hinter dem Big Ben in Westminster, wo schon Charles Dickens das hervorragende London Pride Ale genoß, die Anfänge vorlesen durfte und die mich danach fast schon enthusiastisch zum Weitermachen anfeuerte.

Dottoressa Monica Taddei, Leiterin der Biblioteca Comunale Leonardiano in Vinci, in der Toskana, und ihren Mitarbeitern, ohne deren tatkräftige Unterstützung bei der Recherche für die letzten Lebensjahre Leonardos in Frankreich das Buch nicht vollständig geworden wäre.

Dr. Nikodemus Claudius Schnabel, Mönch in der DORMITIO-Abtei/ Jerusalem für seine Unterstützung bei der Recherche zum *Letzten Abendmahl*.

Quellennachweis

Niccolo Machiavelli, *Der Fürst*. Nikol-Verlag, Hamburg 2011.

Volker Reinhardt, *Die Borgia*. C.H.Beck Verlag, München 2011.

Theodor Lücke, *Leonardo, Tagebücher und Aufzeichnungen*. Paul List Verlag, Leipzig 1953.

Ingeborg Walter, *Die Strozzi. Eine Familie im Florenz der Renaissance*. Verlag C.H. Beck, München Mai 2011.

DER SPIEGEL, *Die Renaissance –Aufbruch aus dem Mittelalter*. Spiegel Buchverlag, Hamburg 2013.

Peter Hohenstatt, *Leonardo Meister der italienischen Kunst*. Verlag Könemann, Köln 1939.

Carlo Pedretti, *Leonardo & La France; Chateau du Clos Luce*. Cartei & Bianchi Editeurs.

Marguerite Coleman, *Amboise et Leonard de Vinci*. Verlag Arrault & Cie, Tours, 1932.

Leo Perutz, *Der Judas des Leonardo*. Paul Zsolnay Verlag, Wien 1988.

Biblioteca Leonardiana, Centro di ricerca e documentazione, Vinci, Italia